Chris Griscom:
Zeit ist eine Illusion

Chris Griscom erzählt
über ihr Leben und ihre Arbeit –
aufgezeichnet von Wulfing von Rohr

Originalausgabe

GOLDMANN VERLAG

Der Goldmann Verlag
ist ein Unternehmen der Verlagsgruppe Bertelsmann

Made in Germany · 3/89 · 9. Auflage
© 1986 by Chris Griscom und Wulfing von Rohr
Umschlaggestaltung: Design Team München
Satz: Fotosatz Glücker, Würzburg
Druck: Elsnerdruck, Berlin
Verlagsnummer: 11948
Lektorat: Michael Görden
Herstellung: Sebastian Strohmaier/Voi
ISBN 3-442-11948-0

Inhalt

Wie dieses Buch entstand	7
1. Offen geboren	14
2. Sommersonnenwende in Südamerika	29
3. Echos aus anderen Dimensionen	43
4. Entfaltung unseres höheren Seins	62
5. Zeit ist eine Illusion	84
6. Wir können wählen: Opfer oder Schöpfer?	95
7. Manifestation in Afrika	108
8. Die Explosion des Weiblichen	122
9. Vom Schmieden der Energien	136
10. Neu Mexico – Der Zauber des Lichts	161
11. Tod ist ebenfalls eine Illusion	168
12. Ein Ausblick in die Zukunft	184

Wie dieses Buch entstand

Wulfing von Rohr

Tanz im Licht (»Dancing in the Light«) heißt das neueste Buch des amerikanischen Showstars *Shirley MacLaine**. Durch dieses Buch – auf Anhieb ein Bestseller in den USA – sind viele spirituell interessierte Menschen in Amerika auf eine bemerkenswerte Frau mit außergewöhnlichen Fähigkeiten aufmerksam geworden, auf *Chris Griscom*.

Auch mir erging es so. Nach Shirley MacLaines erstem geistig ausgerichteten Buch »Zwischenleben«* besorgte ich mir also auch ihr neues. Nachdem ich bei Shirley MacLaine gelesen hatte, daß Chris Griscom mit Hilfe einer besonderen Art von Akupunktur Einblicke in andere Zeit- und Raumdimensionen ermöglicht, auch Rückführungen, und darüber hinaus bewußten Kontakt zum »höheren Selbst« herstellt, machte ich mich auf den Weg nach Neu-Mexiko, ins »Land of Enchantment«, »Land der Verzauberung«, wie es auf allen Autokennzeichen heißt.

Zwei Wochen lang hatte ich Gelegenheit, Chris Griscom, ihre Mitarbeiter im »Light Institute« (Lichtinstitut) und ihre Familie in Galisteo, einem kleinen Dorf südlich von Santa Fé, kennenzulernen. Zwei Wochen lang als »teilnehmender Beobachter« während der »Sitzungen«, in privaten Gesprächen, im alltäglichen freundschaftlichen Umgang und während besonderer Feierstunden.

Normalerweise erstrecken sich die intensiven, zweieinhalb- bis dreieinhalbstündigen »Sitzungen« auf einen Zeitraum mehrerer Wochen. Wegen der weiten, kostspieligen Anreise aus Europa und der Kosten des Aufenthalts wurden die Sit-

---

* bei Goldmann erschienen.

zungen zeitlich stark zusammengedrängt auf zwei Wochen im Februar 1986.

Am Anfang steht ein »emotional body balancing«, ein emotionaler Körperausgleich. Mit einer Kombination bestimmter sanfter Akupressurgriffe, mit Arbeit am Feinstoffkörper und an der Aura, durch bewußte Stimulierung des Solar Plexus' wird eine geistige Öffnung erreicht, die den Klienten auf dem Massagetisch durch verschiedene Kindheitsstufen führt. Dies trägt zu einer ersten Klärung und bewußten Selbstbetrachtung bei, die eine entscheidende Voraussetzung für die folgenden Sitzungen ist, bei denen es dann um Bilder und Erlebnisse aus anderen Räumen und Zeiten geht.

So erlebte ich mich ganz unmittelbar wieder als vier- bis fünfjähriger Junge, der beschwingt, sorglos und fröhlich die Welt erlebt. Danach als etwa zehn- bis zwölfjähriger Knabe, der bereits ernster und angestrengter geworden ist. Schließlich als etwa 16- bis 18jähriger Heranwachsender, der kontrolliert, diszipliniert und ganz auf die Grenzen des Lebens eingestellt ist. Mit diesem Erleben während der Sitzung ging einher, daß ich die unterschiedliche Schwingung jedes Alters fast wie in allen Körperzellen erlebte. Allein diese »Er-Innerung« war ein besonderes Erlebnis.

Nach dieser Vorbereitung folgen üblicherweise zwei oder drei »past life sessions«, also Rückführungssitzungen von ebenfalls etwa drei Stunden Dauer. In diesem Zusammenhang fiel mir angenehm auf, daß Chris Griscom und ihre Mitarbeiter nicht auf der Bezeichnung »Rückführung in frühere Leben« bestehen. Jeder Klient mag seine Erlebnisse so oder ganz anders nennen. Wichtig ist lediglich festzustellen, ob und wie Erlebnisse zu einem selbst gehören, da sie ja aus einem selbst aufsteigen in Form von Bildern, Gefühlen, Gedanken. Auch in den »past life sessions« stehen am Anfang einige der zuvor schon beschriebenen Hilfen. Der Vorgang ist der sogenannten »nicht-hypnotischen Rückführung nach *Bryan Jameison*« ähnlich. Während allerdings dabei das Körperbewußtsein nach und nach ausgeschaltet wird und sich »Dunkel« im Körper einstellt, bleibt bei der Vorgehensweise von Chris Griscom ein lichterfülltes Körperbewußtsein erhalten. Der Klient wird behutsam entlang der eigenen Erfahrungen, die er selbst mitteilt, darin weitergeführt.

Deutlich spürbar waren für mich während fast aller Sitzungen, über fast die gesamte Dauer hinweg, Energieströme im Körper. Sie vermittelten eine reinigende und belebende Energie. Ich hatte mehrfach die Empfindung, daß mein Feinstoffkörper im Abstand von etwa zehn bis vierzig Zentimeter vom Körper wie mit einem Federwedel durchgearbeitet, quasi »abgestaubt« wurde. Andere Wesen waren mit ihrer Anwesenheit während der Sitzungen nicht nur »spürbar«, sondern in zwei Fällen »sah« ich regelrecht Gesichter, die mich anblickten.

Die inneren Erfahrungen füllen schon in der Mitschrift durch Chris Griscom und ihre Tochter *Karin*, die ihrer Mutter viel Vorbereitungsarbeit abnimmt, viele DIN-A4-Seiten. Einige Ausschnitte mögen hier genügen:

Ich erlebe mich als Reiter auf einem Schlachtroß, der sich über die klare sinnerfüllte Perspektive seines Tuns freut. Ich sehe mich in dumpfer geistiger Verfassung in einem Wirtshaus, vielleicht um 1700. Danach als Gänsehirte, der im Einklang mit der Natur eine stille Freude empfindet. Ich sehe mich als jungen Indianer der weiten Ebenen, der mit einem Büffel spricht – eine sehr intensive Erfahrung von Harmonie zwischen Natur, Tier und Mensch. Dieser Indianerjunge findet sich als alter Medizinmann am Rande eines Waldes wieder, der von Visionen des Untergangs der Büffelherden, der natürlichen Lebensweise der Indianer und schließlich des Untergangs der letzten Harmonie zwischen Natur und Menschen überhaupt erschüttert wird.

Die nächsten Szenen zeigen eine junge Frau, die über ein Schlachtfeld des amerikanischen Bürgerkriegs geht und Verwundete versorgt. Zu einem späteren Zeitpunkt liegt sie als alte Frau auf ihrem Totenbett. Zum Erstaunen der um sie versammelten Familie strahlt sie, blüht richtig auf. Sie sieht ein Licht von schräg oben kommen, das sie nach oben, nach innen führt. Der Tod als lichtvolles Erlebnis, ohne Schrecken. Die alte Frau begegnet »oben« dem indianischen Medizinmann und dem Büffel. Beide Personen verschmelzen miteinander. Dabei teilt sich mir eine »Einsicht« mit, als ob der Medizinmann bewußt als helfende Frau wiedergekommen sei, um einen kleinen Beitrag zur Linderung der Not zu leisten, die er selbst zuvor visionär wahrgenommen hatte. Ein anderes »Todeserlebnis« noch: Ich sehe und fühle mich am Boden in einer Mulde liegend, »tot«. Dann tauchen nacheinander ein Büffel, ein Bär, Adler, Kojote und so fort auf; der Büffel stupst mich mit der Nase an und sagt: »Wach auf, kleiner Bruder.« Daraufhin »erwache« ich und erhebe mich als bewußte Lichtgestalt.

Ob dies alles nun vergangene Leben beleuchtet oder nicht, scheint mir nicht vorrangig zu sein. Entscheidend sind für mich vielmehr die direkten, unmittelbaren, in die Körperzellen hineinreichenden Erfahrungen, die auch jetzt noch »abrufbar«, er-innerbar bleiben.

Und vielleicht ebenso von Interesse ist, daß etliches aus den Bildern der Sitzungen dann später eine materielle Entsprechung oder Bestätigung erfahren hat. So fand ich auf dem Indianermarkt von Santa Fé ein kleines Schmuckherz mit Federn ringsherum, genau so, wie ich es »innen« gesehen hatte. Die um mich versammelten Tiere entpuppten sich bei einem Besuch in einem Buchladen als die Totemtiere der indianischen Astrologie. Und eine zwei Jahre alte mediale Zeichnung von *Carol Polge* aus England, die bei mir in München lag, zeigte genau das Gesicht der Frau, die sich um die Verwundeten gekümmert hatte.

Die Hauptarbeit mit Chris Griscom selbst besteht ebenfalls in etwa dreistündigen Sitzungen. Nach einem ausführlichen Vorgespräch – bei dem zum Beispiel erörtert wird, ob Fragen angegangen werden sollen – setzt Chris feine silberne oder goldene Akupunkturnadeln an spirituell strategische Punkte. Sie benutzt Punkte, die »Windows to the Skies« – Fenster zu den Himmeln – heißen und andere esoterische Akupunkturpunkte, die keineswegs allgemein geläufig sind.

Im Verlauf der Sitzungen werden, so Chris Griscoms Erklärung, völlig neue Energiebahnen freigelegt, die es Gemüt, Verstand, Gehirn und höherem Selbst möglich machen, bewußt andere Dimensionen, andere Zeiten und Räume und sich selbst als daran Beteiligten zu erleben.

Ursachen für Probleme werden deutlich. Es kommt zu katalysatorisch wirkenden Klärungen und Lösungen. Dabei tauchen sowohl Ereignisse aus »früheren Leben« auf, wie sich auch »channeling«-Phänomene ergeben, also Einblicke in künftige Zusammenhänge oder »Durchsagen«.

Auch zu dieser Phase der Arbeit zunächst einige äußere Erlebnisse: Ich spürte, wie auch dann noch Akupunkturnadeln gesetzt wurden, als Chris ihre Arbeit längst beendet hatte. Sie erklärte dies damit, daß ein geistiger Helfer, ein chinesischer Arzt, ihr helfe und »Astralnadeln« in den »Astralkörper« setze. Auch bei diesen Sitzungen traten wieder Energieströme auf, die sich bis hin zu plötzlichen Bewegungen von Gliedmaßen äußerten und wiederum eine reinigende und belebende Wirkung hatten.

Hatte sich in den Vorbereitungssitzungen das »höhere Selbst« mehrfach in Lichtgestalt gezeigt, so nahm ich es jetzt in vielerlei Aspekten wahr. Als Adler, als Schlange, als rote Steinsäule mit gelbem Lichtkranz, als blaugewandete Frauengestalt, als Prinzenpaar und so weiter. Sehr häufig ergaben sich dabei Verschmelzungen zweier Aspekte, die in sich jeweils wie »yin« und »yang« wirkten, wie ein weiblich-männliches Gegensatzpaar. Zu den bewegendsten Erlebnissen dieser inneren Bilderwelt gehört für mich die Szenerie um einen Pyramidenbau. Die Pyramiden dienten danach als Energiestrukturen, die Lichtenergie »von oben« aufnehmen und wieder abgeben konnten. Ich sah, wie ein Pharao in eine Art lichterfülltes Raumschiff auf der Spitze der Pyramide einstieg, mit diesem eins wurde und entschwand.

Ich erlebte, wie in mir selbst Lichtwirbel, Lichtspiralen aktiviert wurden, um den Körper zu verlassen; wie ich in Lichtstädte im »Jenseits« gelangte und anderes mehr.

All diese Erfahrungen sind mir – auch jetzt noch – weniger als »sensationelle« Erlebnisse, als »Kitzel« wichtig. Vielmehr ging mit diesen Sitzungen eine tiefe innere Zuversicht einher, daß in mir, in jedem Menschen, so viele schöpferische Kräfte schlummern, die hilfreich sein können. Daß man auch als einzelner, als kleines spirituelles Licht, die Chance hat, den

Sinn des Lebens aktiv zu suchen, Lebenssicherheit zu mobilisieren.

Ein neues Lebensgefühl, eine noch bewußtere Rückverbindung zur großen inneren Kraftquelle, auf vielen Ebenen in vielen Dimensionen gleichzeitig, sind Früchte dieser zwei Wochen im »Light Institute« in Galisteo, mit Chris und Karin Griscom.

Allerdings: Wenn immer man Kräfte erfährt, mit Kräften umgeht, ist die Motivation wohl ganz entscheidend, um nicht – und sei es auf noch so subtile Weise – in einen Machtmißbrauch, in eine gefährliche Handhabung von Kräften hineingezogen zu werden.

Und letztlich muß man sich zu all dem fragen: Wer erfährt? So fantastisch sein mag, *was* man erfährt, so fundamental bleibt die Frage nach dem, *der* erfährt. Der Weise *Ramana Maharshi* sagt: »Das wahre Selbst ist andauernd und unbeeinflußbar. Das sich reinkarnierende Ego gehört einer niedrigeren Ebene an, nämlich der Gedankenwelt. Sie wird durch Selbst-Verwirklichung transzendiert.«

In diesem hohen Sinne sehe ich die Arbeit von Chris Griscom als Hilfe an, nicht aber als wirkungsvoll »absoluten« Weg zu rein spiritueller Selbstverwirklichung, wie ihn z. B. Sant Kirpal Singh mit Sant Mat formuliert, was sie selbst auch nicht in Anspruch nimmt.

Mein persönlicher Eindruck von dieser Frau war: Wunderbar, daß hier kein »Guru« sitzt. Sie sieht sich zwar in einer Kontinuität früherer Existenzen, die bis hin nach Atlantis reichen, sie fühlt sich von einer Mission getragen, mehr Menschen die geistigen Kräfte in ihnen zu offenbaren, »hebt« aber trotzdem nicht »ab«.

Chris ist Jahrgang 1942, sie hat sechs Kinder zwischen 21 und knapp zwei Jahren. *Bapu*, den jüngsten Sproß der Familie, hat sie allein im Meer zur Welt gebracht. Sie arbeitet im Gewächshaus, begleitet ihren Sohn *Brit* zum Sportplatz und feuert ihn dort tüchtig an, hilft auch schnell mal mit Akupressur, wenn er oder andere sich verletzt haben. Trotz ihrer als Akupunkteurin von Shirley MacLaine in den USA erlangten Berühmtheit, trotz ihrer erstaunlichen Fähigkeiten, Menschen in andere Dimensionen zu führen, scheint mir Chris Griscom ein »ganz normaler« Mensch geblieben zu sein.

Die eigenen Erfahrungen bestärkten den Gedanken, Chris Griscom und ihre Arbeitsweise einer größeren Öffentlichkeit vorzustellen. So wurde über eine kurze Fernsehsendung hinaus die Idee geboren, ein Buch herauszugeben. Es ist Chris Griscoms erstes Buch überhaupt und entstand aufgrund von Tonbandaufzeichnungen vieler Gespräche und Interviews, die ich mit ihr im Juni 1986 nur zu diesem Zweck führte.

Wir haben uns natürlich auf eine Auswahl von Themenschwerpunkten aus ihrem weitgesteckten Arbeits- und Lebensfeld beschränken müssen – eine Auswahl indes, die deutlich macht, warum Chris Griscom als eine der wichtigsten »New Age«- und »Medizin«-Frauen heute gilt.

Ihr neuestes Projekt ist die Entwicklung besonderer Seminare über radioaktive Strahlung, und wie wir Strahlenverschmutzungen vermeiden und sogar abbauen können.

1.

Offen geboren

Wie begannen meine geistigen Erfahrungen in diesem Leben?

Ich kann mich deutlich an Bilder und Gefühle im Mutterleib erinnern. Meine erste konkrete Erinnerung geht bis zum siebten Monat der Schwangerschaft zurück, und es gibt eine Vielzahl zauberhafter, magischer Erfahrungen, die ich während der ersten fünf Jahre meines Lebens hatte. Mir schienen diese Erlebnisse mit anderen Lebensformen, mit anderen Wesenheiten, etwa mit Felsen, die zu mir sprachen, etwas ganz Normales zu sein, – Teil eines natürlichen Lebens. Allerdings bemerkte ich mit der Zeit, daß meine Familie begann, mich als ein bißchen eigenartig, als ein bißchen »anders« anzusehen, und ihre Freunde reagierten auf mich in gleicher Weise.

Ich erinnere mich, daß ich als Kleinkind einige Todeserlebnisse hatte, daß ich sehr sehr krank wurde und fast starb. Diese Erfahrungen in meiner frühesten Kindheit erlaubten mir, die Brücke in andere Dimensionen zu überqueren und mich zwischen dem Leben hier und jenen Welten hin und her zu bewegen. Ich erlebte mich sowohl außerhalb des Körpers in Astralleibern wie auch in mehr ätherischen Ebenen, die näher zum Kern der Seele führten.

Als ich fünf Jahre alt war, meinte ein Freund unserer Familie, der Psychologe an der Univerität von Kalifornien in Los Angeles war, daß ich psychologisch getestet werden sollte. Ich vermute, daß meine ziemlich ungewöhnlichen Wahrnehmungsfähigkeiten die Erwachsenen genauso beunruhigten wie meine Angewohnheit, mich schon als kleines Kind ganz unverblümt auszudrücken und durch diese Direktheit andere

Menschen zu irritieren. Er nahm mich also mit in ein großes, einschüchternd strenges Gebäude, viele Treppen hinauf und lange Flure entlang, in einen speziellen Testraum.

Ich verstand damals nicht, warum ich dorthin mitkommen sollte. Ich spürte nur, daß es sehr wichtig war, dem Freund meines Vaters irgendwie zu gefallen, indem ich seinen Wünschen und Anweisungen so gut wie möglich nachkam. Es waren, wie ich heute weiß, eine ganze Reihe üblicher IQ-Tests. Damals empfand ich die Aufgaben, zum Beispiel ein rundes Holz nicht in ein quadratisches Loch zu stecken, als ziemlich albern.

Der Raum hatte an einer Seite einen jener Spezialspiegel, hinter denen der Psychologe und seine Kollegen die Testperson im Raum beobachten konnten, ohne selbst gesehen zu werden. Da ich aber innerlich sehr offen war, wußte ich, daß sich irgend jemand auf der anderen Seite des Spiegels befand. Und anstatt zügig nacheinander die Testaufgaben zu lösen, drehte ich mich immer wieder ganz plötzlich um, um zu versuchen, irgendeine Person auf der anderen Seite zu fangen. Ich wußte damals nicht, ob die Menschen auf der anderen Seite meine Freunde aus dem Elfenland waren oder andere Wesen, oder Menschen aus Fleisch und Blut.

Ich wußte nur, daß hinter diesem Spiegel, sehr nahe bei mir, lebendige Wesen waren, die ich zwar nicht sehen, aber doch ganz deutlich spüren konnte. Ich erinnere mich noch, daß ich einmal sogar aufstand, auf den Spiegel zuging, in dem ich mich selbst sehen konnte, und versuchte, durch den Spiegel hindurchzukommen – ich drückte meinen Körper ganz an den Spiegel, um irgendwie Verbindung mit jener Energieschwingung aufzunehmen, die ich dahinter wahrnahm.

Daraufhin kam eine Frau in den Raum, die sich sehr darüber zu ärgern schien, daß ich meinen Test nicht beendet hatte. Also setzte ich mich wieder hin und schloß ihn sehr schnell ab. Von diesem Zeitpunkt an quälte mich ein Gefühl, daß ich dabei versagt hatte, diese Erwachsenen zufriedenzustellen. Sie schienen über mich recht ungehalten zu sein, und ich hatte den Eindruck, daß mit mir irgend etwas nicht stimmte.

Diese Auffassung von mir selbst schleppte ich mehr oder weniger bewußt bis zu meinem dreißigsten Lebensjahr mit mir herum. Und oft schienen in diesen Jahren Unverständnis oder Ablehnung von Menschen, die auf meine Offenheit für geistige Dimensionen negativ reagierten, diese Vorstellung zu bestätigen.

Ich wuchs in Los Angeles auf, zusammen mit einer älteren Schwester. Mein Vater war als Insektenspezialist in der Landwirtschaft tätig. Ich bin noch immer sehr stolz auf ihn, weil er die Idee entwickelte, mit sterilen Fliegen die schwere Plage der Fruchtfliegen in Kalifornien erfolgreich zu bekämpfen. Er vermittelte mir den Zauber von Flora und Fauna, die Magie der Welt der Insekten, der Pflanzen, aller lebenden Geschöpfe. Meine Mutter war Lehrerin und eine Autorität für Shakespeare. Sie machte mich mit der geheimnisvollen Welt des großen Dichters bekannt.

Nachdem meine ältere Schwester geboren worden war, hatten die Ärzte meiner Mutter gesagt, daß sie nie wieder ein Kind zur Welt bringen könnte. Eine neue Schwangerschaft sei für sie lebensgefährlich. Und es wurde in der Tat eine sehr schwierige Schwangerschaft, da sie im siebenten Monat eine Blutvergiftung und eine Nierenkomplikation erlitt. Es folgte dann eine Frühgeburt, bei der sie fast starb. Ich wog bei der Geburt nicht mehr als drei Pfund, und mein Vater erzählte mir später gern, daß er mich in einer Hand halten konnte.

Meine allerersten Erinnerungen gehen in diese Zeit zurück. Ich erlebte ihre Blutvergiftung mit. Heute würde ich meine damaligen Erfahrungen als ein Gefühl der Wärme, der Schwingung, des Lichts bezeichnen. So wie ich es heute interpretiere, nahm ich unmittelbar Prana, eine feine Energie, auf. Sie äußerte sich in Funken und Blitzen. Diese Pranaenergie, die mein Gehirn stimulierte und bestimmte Bewußtseinsmuster schuf, entstand, weil meine Mutter trotz der Blutvergiftung einen überwältigend starken Willen entwickelte, selbst zu leben und mich ins Leben zu bringen. Dieser Wille, diese Absicht, selbst zu überleben und mich in ihrem Mutterschoß zu nähren, obwohl ihr Körper eine Schwangerschaft eigentlich nicht mehr aushalten konnte, führte mir später sehr deutlich vor Augen, wieviel in unserem Leben von einer starken Willenskraft abhängt.

Bei der Geburt erlitt meine Mutter ein Herzversagen, starb fast, und konnte mich erst nach sechs Wochen sehen. Auf diese Weise erlebte ich das Drama von Leben und Tod bereits bei der Geburt mit, auf eine – wenn auch nicht verstandesmäßige – doch sehr intensive Weise.

Ich hatte dann später fast alle der üblichen Kinderkrankheiten. Als ich mit zwei Jahren Keuchhusten bekam und mit drei Jahren Diphterie, kam ich beide Male dem Tod sehr nahe. Beide Krankheiten bewirkten, daß ich kaum atmen konnte. Ich erinnere mich sehr deutlich daran, daß ich auf einem Krankenbett in einem weißen Zimmer lag und hinter einem Trennfenster meine Mutter, meinen Vater und den in Weiß gekleideten Arzt sah. Und obwohl ich es nicht direkt hören konnte, nahm ich auf andere Weise wahr, daß der Arzt meinen Eltern sagte: »Vielleicht wird ihr Kind sterben.«

Als er das sagte, spürte ich einen gewaltigen Sog in mir und fühlte, wie ich aus meinem Körper hinausschwebte, wieder in ihn zurückkam und wiederum hinausschwebte, und etwas in mir flog empor und wollte den Körper endgültig verlassen. Was ich den Arzt hatte sagen »hören«, bewirkte in meinem kindlichen Gemüt keinerlei Angst, außer vielleicht einer Traurigkeit, mich von meinen Eltern zu trennen.

Meine Mutter erzählte mir später, daß der Arzt sie tatsächlich darauf vorbereitet hatte, daß ich möglicherweise sterben würde. Obwohl ich seine Worte damals akustisch gar nicht hatte wahrnehmen können, nahm ich doch psychisch auf, daß dieser Gedanke die drei Gesichter hinter dem Glas bewegte. Und obwohl sie mir sehr bedrückt erschienen, hatte ich keinerlei Angst, denn das Erlebnis, aus meinem Körper heraus- und in ihn wieder hineinzuschweben erfaßte meine ganze Aufmerksamkeit. Manchmal hatte ich auch das Gefühl, wie ein großer weißer Ballon gefüllt zu werden und aufzusteigen, und danach wieder zu schrumpfen und niederzugehen. Ich erlebte all dies als durchaus befreiende Gefühle – obwohl mich die unbestimmte Bewegung, dieses Heraus aus dem

Körper und wieder Hinein, dieses Auf und Ab, auch sehr anstrengte. Es lag darin eine gewisse Unentschlossenheit – vielleicht, daß ich mich nicht endgültig entscheiden konnte, ob ich in diesem kleinen Körper bleiben wollte oder nicht.

Solche Erlebnisse, den Körper zu verlassen, hatte ich ständig als kleines Kind – nach den durch die Krankheit bewirkten Erfahrungen oft auch ohne jeden körperlichen Anlaß. Deshalb empfand ich diese Erlebnisse auch nicht als irgendwie ungewöhnlich, und ich war mir nicht darüber klar, daß andere Menschen so etwas üblicherweise gar nicht kannten.

Als ich gerade neun war, zogen wir aufs Land außerhalb von Los Angeles. An unserem neuen Wohnort gab es einen Walnußhain, der für mich zu einem sehr wichtigen Platz wurde. Zwischen den Bäumen erstreckte sich ein Meer von wildem Senf, mit sehr strahlenden gelben Blüten. Heute weiß ich, daß Gelb die Auffassungsgabe, den Verstand und das Nervensystem stimuliert. Die Senfpflanzen wuchsen über einen Meter hoch, man konnte nicht hindurchschauen, sie bildeten eine gelbe Decke. Und da ich nicht sehr groß gewachsen war, konnte man mich einige Jahre lang auch nicht sehen, wenn ich darinnen stand.

Einen Großteil meiner Kindheit verbrachte ich damit, mir eigene Welten zu schaffen, zwischen diesen Senfpflanzen unter dem Walnußhain herumzukrauchen, ihre Wurzeln zu essen, Tunnel zu graben und mich in ihnen zu verstecken. Während dieser Zeit in der neuen Umgebung begann ich, eine recht unangenehme Erfahrung zu machen.

Wenn ich mich in dem Zimmer, in dem ich zusammen mit meiner Schwester schlief, ins Bett legte, begann ich unwillkürlich bestimmte Muster zu sehen. Es war wie rote und blaue Streifen auf einem weißen Hintergrund, ein Muster, das ich später auf dem Fernsehschirm sah, wenn ein Kanal seine Sendungen beendete und eine Art Testbild ausstrahlte. Sobald ich mich im Bett etwas entspannte, erschien mir plötzlich dieses Muster und bewegte sich. Und während sich dieses Muster in sich bewegte, begannen die Flüssigkeiten in meinem Körper – Blut, Lymphe, Schweiß – ebenfalls zu strömen. Bekanntlich bestehen wir hauptsächlich aus Flüssigkeiten. Was sich in meinem Körper ereignete, kann ich am besten so beschreiben: meine Körperflüssigkeiten schienen hin und her zu schwappen. Ich machte später übrigens ähnliche Erfahrungen, als ich meinen Lichtkörper erlebte.

Mein Körper wurde von innen her aufgewühlt, mir wurde übel, in mir schwappte es hin und her, »es« fing an sich zu drehen, schneller und schneller und schneller, und dabei entstand ein Ton. Und dieser Ton klang mir immer lauter in den Ohren, es war ein unangenehmes Geräusch wie von einem Motor, und dann wurde ich jedesmal ganz plötzlich in das Muster hineingezogen.

Ich wehrte mich dagegen, ich hielt mich am Bett fest, bis die Intensität des Tons und die Intensität des Wirbels mich wie abschälten von dem, woran ich mich gerade festhielt. Ich wurde in einen Trichter hineingesogen und fand mich dann draußen am Himmel wieder. In dem Augenblick, in dem ich mich am Himmel befand, fühlte ich mich wieder gut, ich fühlte mich leicht, ich war mir meines Körpers nicht bewußt, ich fühlte mich »ganz«.

Aus meiner heutigen Kenntnis würde ich sagen, daß ich mich in meinem Astralkörper befand, das wußte ich aber natürlich damals noch nicht. Fast immer »ging« ich, nachdem ich mich draußen im Himmel befand, an einen höhlenartigen Ort, in eine kleine trockene Höhle. Dort gab es Farben an Wänden, die eine bestimmte greifbare Struktur hatten, es gab dort sogar Gerüche, es gab all jene Dinge, die meine fünf Sinne erfassen konnten. Dort blieb ich, wie mir schien, die ganze Nacht lang, und dann »schnappte« ich zurück in den Körper.

Ich »tat« nichts in dieser Höhle, ich war mir nur dessen bewußt, daß ich mich dort aufhielt und mich dort sehr wohl fühlte, mich vor allem geliebt fühlte. Ich fühlte mich dort ganz, es war ein sicherer, warmer, trockener Platz. Und diese Geborgenheit dort stellte für mich etwas Neues dar, etwas, was ich in meinem Alltagsleben als Kind nicht erfahren hatte.

Ich kämpfte eine lange Zeit dagegen an, diese magischen Lichtmuster und Geräusche wahrzunehmen, die mich – zumindest immer zu Beginn – in einen erschreckenden Zustand versetzten. Aber gleich, was immer ich tat, sobald ich mich ein wenig entspannte, stülpten sich diese nächtlichen Erfahrungen über mich. Ich versuchte, das Licht anzulassen; ich schaltete das Radio ein; ich öffnete das Fenster, um viel frische Luft zu haben; ich stritt mit meiner Schwester: ich tat schlechthin alles, um nicht einzuschlafen, aber im ersten Moment einer schläfrigen Entspannung machte es irgendwie »klick«, und ich durchlebte den beschriebenen Vorgang.

Ich ging fast immer an diesen höhlenartigen Ort, manchmal saß ich allerdings auch draußen auf dem Telefonmasten. Wir hatten damals keine Straßenbeleuchtung entlang unserer Häuser, aber es gab einen Telefonmasten. Ich saß dort oben und schaute herum, und ich fühlte, daß ich wirklich körperlich dort oben saß. Einmal erzählte ich einem Freund von mir, mit ein bißchen kindlicher Angeberei: »Heute nacht komme ich und besuche dich, ich komme in dein Schlafzimmer, ohne meinen Körper, und werde dir beweisen, daß ich da war.«

Und ich habe diesen Freund und auch andere tatsächlich besucht. Als er aber in einer Nacht aufwachte und mich sah, ängstigte ihn dies so, daß ich nie wieder Freunde besuchte. Er sagte mir am nächsten Tag, daß er nicht mehr mein Freund sein wolle; der Vorfall hatte ihn irgendwie zu sehr schockiert, und er mochte es auch nicht, daß ich »herumschlich«.

Beide Weisen, den Körper zu verlassen – herauszuschweben oder einen Trichter zu durchqueren – sind Übergänge. Wir sind Wesen mit vielen Bewußtseinsebenen, wir sind »multidimensional«. Sich von einer in eine andere Ebene zu begeben bedeutet einfach, daß wir unser Körpergefährt verlassen und in eine andere Dimension überwechseln.

Todeserfahrungen und solche Übergänge, während derer der Körper verlassen wird, lassen sich auf unterschiedliche Weise erleben. Ich habe mich zum Beispiel bei meiner Mandeloperation plötzlich außerhalb meines Körpers vorgefunden, ohne die Erfahrung, einen Trichter zu durchqueren, sondern einfach wie mit einem Schlag plötzlich außerhalb des Körpers, von oben auf ihn niederblickend. Und das passiert tatsächlich mehr Menschen, als wir gemeinhin wissen.

Plötzlich schaut man auf sich selbst hinunter, ohne jede Vorbereitung, ohne jedes bewußte Erleben des Vorgangs, wie man dorthin gekommen ist. Für mich war die Erfahrung, durch den Trichter in eine andere Ebene zu gelangen, immer mit einem bewußten Widerstand, mit einem Kampf dagegen verbunden. Ich hatte niemals Angst, dort draußen herumzufliegen – wenn ich einmal »draußen« war, fühlte ich mich sogar sehr wohl. Aber durch den Trichter zu gehen, war für mich eine sehr unangenehme, physiologisch-körperlich direkt spürbare Sinnesempfindung. Das Heraus- und Zurückschweben während meines Nah-Todeserlebnisses empfand ich dagegen als angenehm.

Wir alle können den Körper verlassen. Für viele von uns ist diese Offenheit zu anderen Dimensionen jedoch verschüttet.

Aber offen geboren zu werden ist vielleicht nicht so ungewöhnlich, wie wir denken mögen. Ich weiß heute, daß ich »offen« geboren wurde und daß die meisten anderen Kinder auch so in diese Welt kommen. Allerdings gab es zwischen mir und meiner Alltagswelt eine größere Distanz als üblich, so daß ich diese psychische Offenheit stärker als andere Kinder bewußt erfahren konnte. Vielleicht löste auch die Blutvergiftung meiner Mutter während der Schwangerschaft in meinem Gehirn eine intensiver stimulierte Aufmerksamkeit und Bewußtheit jener anderen Dimension aus, so daß dadurch die Tür nach »drüben« offen gehalten wurde. Sicher bin ich mir über die Ursache allerdings nicht. Tatsache ist, daß ich geöffnet war und es auch blieb, trotz des erwähnten kritischen Feedbacks. Vom Alter von fünf Jahren an begannen diese Eindrücke allerdings meine Sicht von mir selbst zu beeinflussen, so daß ich mich immer weniger als ein verzaubertes Wunderwesen sah, sondern mehr als, wie meine Eltern es betrachteten, ein Kind, das nichts für unmöglich hielt und in jedem Bereich bis ans Äußerste ging.

Denn obwohl ich anderen Menschen nichts über meine Erfahrungen sagte, spürten sie, daß ich »unnormale« Dinge wahrnahm. Da ich auf Emotionen sehr sensibel reagierte und nach dem psychologischen Test das Gefühl hatte, daß die

Erwachsenen mit mir unzufrieden waren, achtete ich sehr darauf, ihnen nichts über meine inneren Erlebnisse zu erzählen und auch äußerlich möglichst »normal« zu erscheinen. Bis dahin war ich immer sehr direkt gewesen. Schon mit einem Jahr sprach ich ganze Sätze, beobachtete die Erwachsenen genau, hörte ihnen zu. Ich erfaßte ihre Gefühle und auch viel von dem, was ungesagt blieb, und dann machte ich unerwartete Aussagen darüber, was ich über die Erwachsenen dachte. Häufig handelte es sich um etwas, was jemand anderes gedacht, aber noch nicht gesagt hatte. Das führte dann natürlich immer wieder zu Erstaunen über mich.

Inzwischen weiß man allgemein, daß Kinder sehr offen sind, daß sie sich manchmal an vergangene Leben erinnern können, daß sie über andere Bewußtseinsebenen sprechen, daß sie sich mit anderen Wesen wie Engeln, Feen und Elfen, mit Tieren und Pflanzen unterhalten. Wenn sie älter werden und laufend negatives Feedback erhalten, das diese Dimensionen ablehnt und leugnet, fangen sie an, sich wieder zu verschließen. Üblicherweise wird dieser innere Zugang vor allem beim Eintritt in die Schule, also wenn man sechs oder sieben Jahre alt ist, recht schnell wieder verschlossen, weil wir von dort besonders ablehnende und oft schmerzhafte Reaktionen erfahren. Kinder im schulpflichtigen Alter beginnen auch, die Meinung von Gleichaltrigen über sie besonders zu beachten.

Ich verschloß mich diesen übersinnlichen Erfahrungen erst, als ich mit neun Jahren erlebte, daß mein Freund nicht mehr mit mir spielen wollte, weil ich ihm unheimlich erschien. Das war für mich wie ein Höhepunkt all jener ablehnenden Reaktionen, die auf mich aus der Außenwelt zugekommen waren. Es war, als ob alle fanden: »Du bist irgendwie ganz anders, das ist nicht gut, so mögen wir dich nicht.« Ich erinnere mich auch noch daran, daß ich auf die Fragen, was ich später einmal werden wollte, häufig antwortete: »Erforscherin des Geistes.« Und auch das behagte den Fragestellern meist nicht recht.

Während meiner Teenagerjahre hatte ich eine ganze Reihe psychischer Erfahrungen, die ich allerdings soweit als möglich unter Kontrolle hielt. So verließ ich während dieser Zeit zum Beispiel niemals meinen Körper. Mit dreißig Jahren zog ich nach Neumexiko und baute in Galisteo, einem kleinen Dorf, eine zweisprachige Sommerschule auf, für englisch- und spanischsprechende Kinder. Dort erforschten wir zusammen, wie die Vorfahren der Kinder gelebt und überlebt hatten, was das Besondere an ihrer Zeit, ihrer Lebensweise und ihrer Weisheit gewesen war.

Galisteo ist auf indianischen Ruinen gebaut worden. So pulsieren dort Erinnerungen und Vermächtnis der Indianervölker, die von den Spaniern besiegt und vertrieben worden waren. Die Spanier kamen aus Mexiko und machten aus dem Land um Galisteo eine Hacienda, die ihnen als Rast auf dem Wege in die Hauptstadt Santa Fé diente.

Eines unserer Schulprojekte bestand darin, daß wir die Berghöhlen aufsuchten, die den Indianern früher als Unterkunft gedient hatten. Ich hatte zu dieser Zeit all meine übersinnlichen Erfahrungen als Kind vergessen, hatte solche Wohnhöhlen in den Bergen niemals gesehen, aber ich hatte gehört, daß in frühen Zeiten Indianer in Löchern wohnten, die in die Flanken steiler Klippen gegraben worden waren, wahrscheinlich, um so besser vor Feinden geschützt zu sein. Ich war von diesen Schilderungen fasziniert und nahm die Kinder auf eine kleine Expedition in die nahe gelegenen Puje-Klippen mit, in denen es solche Höhlen gab. Ich erinnere mich, daß es einfach eine Exkursion in die Berge werden sollte. Als wir nun den großen Canyon hinauffuhren und uns jenen Berghängen näherten, sah ich etwas, was ich niemals zuvor und auch niemals später mehr gesehen habe:

Über den ganzen steilen felsigen Berghang breiteten sich außergewöhnliche, leuchtende, phosphoreszierende Flechten aus. Der sonst ockerfarben weich-glänzende Fels mit vielen kleinen Löchern darin, wie von Vögeln ausgepickt – es waren tatsächlich von Indianern für Baumstämme ausgehobene Löcher, die Teil ihrer Behausungen waren – wurde überflutet von Flechten, die karthäusergrün strahlten. Wir haben viele solcher Flechten in Neumexiko, mir schien es dort aber so, daß diese sogar im Dunkel limonengrün glühen würden. Als ich diese leuchtenden Flechten zum erstenmal sah, reagierte mein ganzes Nervensystem unmittelbar und extrem darauf.

Ich fühlte mich mit einem Mal sehr schläfrig, und trotz dieser Schläfrigkeit spürte ich kleine elektrische Schläge in meinem Körper. Es war eine sehr seltsame, sehr körperliche Erfahrung. Ich wußte keine Erklärung, warum ich mich so fühlte. Wir konnten die Höhlen von der Straße aus noch nicht sehen; wir mußten zunächst um den Berg herumfahren und auf die Spitze der Klippen klettern, um danach wieder hinunterzusteigen.

Ich spürte, daß ich mich plötzlich sehr, sehr eigenartig fühlte und fragte mich, ob dies Krankheitssymptome waren. Wir stiegen aus den Fahrzeugen aus und folgten einem kleinen Pfad, der sicherlich von Tausenden von Füßen schon vor tausend Jahren betreten worden war. Wir gingen auf kleinen Fußwegen immer weiter hinunter, bis auf meiner rechten Seite die erste Berghöhle auftauchte. Sie war einfach wie aus dem Berg geschnitten.

Als ich in diese erste Höhle hineinging war mein Nervensystem wie elektrisiert, als ob ich einen Schock erlitten hätte. Denn plötzlich, nach all den langen Jahren, stand ich genau an dem Platz, den ich von meinen nächtlichen Ausflügen außerhalb des Körpers, die ich inzwischen vergessen hatte, kennengelernt hatte. Es war wie eine gewaltige Welle, die mein Herz unter sich begrub, meinen Verstand ausschaltete, ich war gleichzeitig total verwirrt und dennoch kristallklar. Das Innere dieses Platzes war wie eine offene Höhle mit sehr charakteristischen Vorsprüngen und Nischen, die herausgearbeitet schienen, um als Ablageplätze zu dienen. Und während ich mich umsah, stellte ich fest, daß ich mir selbst wie einer Fremden zuschaute und beobachtete, wie ich diese oder jene Besonderheit der Höhle zu finden suchte, wiederzuerkennen suchte, um mich so zu vergewissern, ob es wirklich jene Höhle von damals war oder nicht.

Einerseits sagte mir mein rationaler Verstand, daß es völlig unmöglich war, daß ich irgend etwas wiedererkennen würde, da ich niemals zuvor hierhergekommen war. Andererseits mußte ich immer wieder aufs neue feststellen: »Oh, nein, das kann nicht wahr sein. Aber da ist ja diese Nische, dort ist jener Vorsprung.« Ich erkannte jedes Zeichen an den Wänden wieder, ich erkannte den Geruch, ich spürte dieselbe Struktur, sah dieselben Farben. Auf unausweichliche Weise fühlte ich mich mit etwas konfrontiert, dem ich nicht ausweichen konnte. Ich konnte nicht sagen: »Nun gut, es wird irgendeine ähnliche Erinnerung sein, da verwechsle ich vielleicht nur dies oder jenes.« Da ich niemals Bilder von diesen Höhlen gesehen hatte, niemals an solchen Plätzen gewesen war, und mein Geist sofort wie ein Computer anfing, mich nach jeder Kleinigkeit Ausschau halten zu lassen, mich nach jeder Besonderheit umzuschauen, und ich dann tatsächlich wiedererkannte, was ich zuvor als Kind gesehen hatte, gab es keinen rationalen Ausweg mehr, mich vor der Wirklichkeit dieses Erlebnisses davonzustehlen. Während die Kinder meiner Schule in anderen Berghöhlen herumstöberten und auf Entdeckungsreise gingen, befand ich mich in einem tiefen Schockzustand.

Solche Erfahrungen verlassen den Körper niemals, und es ist sehr wichtig, daß man es zuläßt, daß der Körper einem die Erkenntnis von Wahrheit vermittelt. Es ist wichtig zu erfahren, daß der Körper mein Lehrer sein kann, indem der Körper meine Aufmerksamkeit unmittelbar auf etwas lenkt und mir auf seine Weise zeigt, was es bedeutet, daß die Bestätigung auf einer sehr physischen und physiologischen Ebene erfolgt. In meiner Arbeit habe ich mich seither darum bemüht, solche Prozesse bewußt weiterzuentwickeln. Es geht darum zu verstehen und zu erleben, daß der Körper in sich Erfahrungen und Eindrücke seiner eigenen Wahrheit birgt, die nicht wegargumentiert und wegrationalisiert und damit auch nicht aus der Welt geschaffen werden können, weil dieses direkte körperliche »Informationssystem«, dessen das Gehirn sich bedient, so perfekt und so spezifisch und so unmittelbar ist.

Mein Gehirn forderte mich auf: »Schau nach links, und du wirst dies sehen«, und ich blickte mit großer Beklommenheit nach links und mußte mit eigenen Augen sehen, was ich für unmöglich hielt. Ich erkannte Zeichen auf einem Stein wieder. Der elektrisierende Schock dieser Realität konnte von mir nicht als unwahr, als unwirklich beiseite geschoben werden. Fast vierzehn Jahre lang bin ich nicht an diesen Höhlenort zurückgekehrt. Obwohl ich dort ein Stück unleugbaren Wissens erhielt, war jene Erfahrung zu intensiv für mich. Sie war wie ein Gipfelerlebnis des Lebens, es lag etwas Ekstatisches und gleichzeitig Schockierendes darin, das ich nicht wieder erleben wollte. Um ehrlich zu sein, ich hatte einfach nicht den Mut, mich wieder auf diese Weise aufwühlen zu lassen. Ich verschloß diese Erfahrung irgendwo in meinem Herzen und wollte lange nicht mehr daran rühren.

Dieses Erlebnis benutzte ich allerdings als Anregung, um in den nächsten sechs Jahren zusammen mit den Kindern meiner Schule Erfahrungen und Eindrücken nachzuspüren, die irgendwo in unserem Herzen ruhen mochten. Wenn wir zum Beispiel die Kultur der Indianer näher kennenlernen wollten, nahm ich die Kinder zu den Felszeichnungen in unserem Tal mit. Ich forderte sie auf, ihre Hände auf die Felszeichnungen zu legen, die Augen zu schließen und einfach zu beobachten, welche Bilder vor ihrem inneren Auge auftauchten. Es ergaben sich sehr tiefgreifende Einblicke, gerade weil diese Kinder noch nichts von den Indianern wußten, weder welche Beeren sie aßen noch welche Stoffe sie webten.

Die Kinder legten ihre Hände auf die Felszeichnungen, und sie fingen an, Geschichten zu erzählen. Sie beschrieben die Muster der Lendentücher, die damals die Indianer trugen, sie beschrieben die Gerüche der zubereiteten Nahrungsmittel, sie beschrieben die Jagd. Ich erkannte, daß man diesen Vorgang dessen, was wir »Psychometrie« nennen, als eine erstaunliche Technik benutzen konnte, um Kenntnisse von Menschen, Dingen und Begebenheiten zu gewinnen, die in irgendeiner Weise am Orte des Geschehens Schwingungseindrücke zurückgelassen haben.

Die Kinder entwickelten mit der Zeit einen unmittelbaren Kontakt zu anderen Zeiten, anderen Dimensionen, anderen Orten und sie erkannten, daß all dies »wahr« war, weil sie die Wirklichkeit jener Indianer mittels ihrer Sinne erspüren konnten, weil sie sie als natürlich empfanden, als »normal«.

Und sie konnten sich gegenseitig Einzelheiten bestätigen. Ein Kind würde sagen: »Ich sehe diesen Menschen, und er trägt ein Lendentuch in roter Farbe mit einem bestimmten Muster.« Und ein anderes Kind würde antworten: »Ja, und ich sehe auch den Köcher, in dem er seine Pfeile trägt, und der sieht so aus.« Wir konnten uns dann später in historischen Büchern von der Genauigkeit der Beschreibungen überzeugen.

Ich machte später selbst eine ähnliche Erfahrung, als ich ins südliche Neu-Mexiko fuhr und ganz alleine in der Gegend umherwanderte. Ich kam zu einem Wall aus flachen schwarzen Steinen, auf denen viele Felszeichnungen eingeritzt waren. Ich legte meine Hand darauf und fühlte mich plötzlich wie in einer anderen Zeit – es war einer jener Sprünge in eine andere Dimension, in der ich mit meinen physischen Augen eine Gruppe von Indianern sah. Sie trugen eine bestimmte Art von Lendenschurz aus gestampften Rindenfasern und hatten große Körbe auf ihre Schultern geladen. Ich hatte ein angenehmes Gefühl, wie man es unter Freunden empfindet, und ich blieb eine Zeitlang bei ihnen, ohne daß ich mir genau darüber im klaren war, wieviel Zeit verstrich. Und dann war mit einem Mal alles verschwunden, und ich kam zurück in unsere Dimension.

Ich dachte mir: »Das ist völlig absurd, ich bin hier mitten in der Wüste und habe Indianer gesehen, die Beeren pflückten und in ihren Körben trugen.« Während ich weiterwanderte, wunderte ich mich, warum ich diese Durchbrüche von einer in eine andere Dimension überhaupt erfuhr. Ich dachte mir sogar, daß vielleicht irgend etwas mit mir nicht stimmte. Ich hielt mitten auf dem Weg an, legte meine Hand auf den Kopf und fragte mich, was und wie mir geschah. Und als ich so vor mich hinsah, entdeckte ich ein Holzschild bei einem großen knorrigen alten toten Busch, auf dem stand: »Wilde Trauben.«

Ich war natürlich sehr erstaunt und empfand das so, als ob mein höheres Selbst mir gerade in diesem Moment, sozusagen zeitgleich mit meiner Verwirrung über die Geschehnisse, bestätigen wollte: »Ja, es gab Beeren und Trauben damals, und diese Indianer waren tatsächlich hier.«

Später am Tag sprach ich dann mit den Rangern dort, und sie wußten davon, daß vor rund 500 Jahren in dieser Gegend eine üppige Vegetation herrschte, voller Beeren und Trauben und anderer eßbarer Pflanzen, und die Indianer erst in jüngerer Zeit wegen großer Trockenheit ihre Siedlungsstätten verlassen mußten.

Ich fand, daß ich für dieses Buch zu »meiner« Berghöhle zurückkehren sollte, um zu beobachten, wie ich mich dort fühlen würde nach allem, was ich bislang erfahren hatte. Während ich zu den Klippen hinauffuhr, regnete es. Ich hatte dann tatsächlich genau die gleiche Erfahrung, mein Körper produzierte die gleiche träge Schläfrigkeit und dennoch ebenso das Gefühl, wie elektrisiert zu sein. Mein Körper hatte diese Erinnerungen also noch nicht wieder losgelassen, ich spürte wieder, wie die vibrierenden Flechten mein elektromagnetisches Feld und mein Gedächtnis stimulierten, ich kam denselben Weg entlang, den ich 16 Jahre lang nicht gegangen war. Ich war mir noch nicht einmal sicher, ob ich mich würde erinnern können, wo »meine« Höhle versteckt war – und dennoch, wie mit einem Knall, war mit einem Mal dieselbe Vertrautheit wieder da, dieselbe emotionale Angerührtheit, ich stand vor derselben Höhle. Mein Herz schlug schneller, mir liefen Tränen herunter, ich spürte dieselbe Geborgenheit, wie ich sie als neunjähriges Mädchen, das sich in sich zusammenrollte, erlebt hatte – das sich buchstäblich in seinen Astralkörper zusammengerollt hatte und durch irgendeine entfernte Erinnerung an ein vergangenes Leben eingelullt worden war.

Heute weiß ich, daß ich dort einmal in einem vergangenen Leben eine sichere Heimstatt gefunden hatte, die mich durch dieses tief verankerte Gefühl der wohligen Geborgenheit wieder dorthin zurückzuziehen vermochte.

2.

Sommersonnenwende in Südamerika

Der Zugang in andere Dimensionen wird häufig durch ungewöhnliche Umstände, in die man sich unversehens hineinversetzt sieht, ausgelöst. Für mich waren es gewöhnlich Krankheiten – und dies gilt sicher auch für viele andere Menschen –, die bewirkten, daß der Körper uns zwingt, eine Brücke zur Seele zu finden. Normalerweise sind wir von einer direkten Erkenntnis der Seelenebene getrennt, wenn aber der Körper gefährdet wird, vermag uns das den Anstoß zu geben, uns als »holographische«, also umfassende, ganzheitliche Wesen zu erfahren.

Nach der Schule ging ich von den USA nach Mexiko, um dort an der Universität von Mexiko einige vorklinische Semester Medizin zu studieren. Ich wohnte während dieser Studienzeit in einem kleinen Pueblo mit dem Namen Contadero, einem Dorf, in dem es nur eine Straße gab. Contadero liegt tief in einem Nationalpark und war damals ein sehr abgelegenes, stilles Dorf im Wald. Man braute dort Pulque, ein starkes, übel riechendes alkoholisches Getränk, das aus Kaktuspflanzen hergestellt wird. Und dort war ich nun, diese junge Ausländerin, die in Mexico-City studierte, und hier, weit ab von der Stadt, in den Bergen lebte. Ich hatte ein kleines Haus gemietet und wurde von einer alten Frau versorgt, Isabelita. Und wenn ich einmal Bauchschmerzen hatte oder Fieber, kam Isabelita und gab mir bestimmte Kräuter. Sie erzählte mir über die Heilkräfte der verschiedenen Pflanzen, sie begann, mich regelrecht auszubilden. Ich erkannte mehr und mehr, daß allen lebenden Dingen eine bestimmte Qualität innewohnt, daß in einer Pflanze vielleicht ein fröhlicher und in einer anderen ein verrückter Geist wirkte. Und je nach Art der Pflanze, die man benutzte, nahm man diesen oder jenen Geist in sich auf, der im eigenen Körper mit dem eigenen Geist zusammentraf und so die Heilung in Gang setzte. Ich begann die Tatsache wahrzunehmen und dann weiter zu erforschen, daß in dieser Welt Dinge geschehen, die ich nicht erklären konnte, die aber nichtsdestoweniger Wirklichkeit waren.

Später wußte ich die Begegnung mit Isabelita besser einzuordnen. Ich war an eine Curandera, eine Heilerin, geraten, die sich selbst allerdings nie so bezeichnete. Sie verstand es, mich mit einer trickreichen Vorgehensweise, die allerdings einem spirituellen Zweck diente, in eine Zauberwelt hineinzuziehen, die sich sehr von dem vertrauten papiernen, flachen Raum-Zeit-Kontinuum unterschied, wie ich es an der Universität erfahren hatte. Sie bildete mich aus, ohne daß es mir recht bewußt wurde, sie öffnete mein Verständnis dafür, daß sich Realität auch dann ereignen kann, wenn sie nicht von unserer logisch-analytisch orientierten Auffassung der Welt beherrscht wird – und daß solche realen Ereignisse für uns als multidimensionale Wesen genauso wir für uns als rationale Menschen nützlich und bedeutsam sein können.

Sie brachte mich wieder den Tieren näher, mit denen man in bestimmten Ebenen kommunizieren konnte, wie ich es als Kind ja schon getan und damals als sehr normal empfunden hatte – sie war aber der erste Mensch in meinem Erwachsenenleben, der diesen Zugang zur Natur hatte und sich auch nicht scheute, ihn mir zu zeigen.

Ich war nach Mexiko gegangen, um dort Medizin in den vorklinischen Semestern zu studieren, in der Hoffnung, dadurch später ein Stipendium für den klinischen Teil des Medizinstudiums zu erhalten. Die Zulassung zum Medizinstudium in Mexiko ist einfacher als in den Vereinigten Staaten, und mein Vater war nicht sehr wohlhabend. Obwohl ich dann das Stipendium tatsächlich bekam, mußte ich vorzeitig zurück in die USA, weil meine Mutter sehr krank wurde und am Herzen operiert werden mußte. Als es ihr schließlich besser ging, war ich bereits so von der Faszination einer fremden Sprache »infiziert«, daß ich mich entschloß, statt ein Medizinstudium in den USA anzutreten lieber im Peace Corps in Mittel- und Südamerika zu arbeiten. Das war 1961.

Für Europäer mag es recht normal sein, eine andere als ihre Muttersprache zu sprechen; für mich als Amerikanerin bedeutete eine fremde Sprache aber die Entdeckung, daß ich mich mit dieser neuen Sprache neu »kleiden« konnte, daß ich durch die neue Sprache neue Wesenszüge und Verhaltensweisen erfahren konnte. Für mich war es ein aufregendes Erlebnis festzustellen, daß ich in Englisch sehr ernst, sehr tiefschürfend dachte und sprach, daß meiner Aufmerksamkeit nichts entging, was nicht auf seine innere Bedeutung hin untersucht wurde – kurzum, daß ich vom »Ernst« des Lebens erfüllt war. Wenn ich spanisch sprach, war ich dagegen ein lachendes übermütiges Wesen, das »la graciosa« genannt wurde, was soviel wie »anmutiger Narr« bedeutete. Damit war ein ganz neuer Teil von mir geboren.

Ich konnte kaum glauben, daß man mich eine Sprache lehren würde, mich in ein fremdes Land schickte, mir Möglichkeiten zur Erforschung von neuen Gesellschaften und Kulturen geben würde und gleichzeitig dafür bezahlen wollte – es war für mich damals ein unglaubliches Abenteuer. Ich war anfangs unsicher, ob man mich überhaupt nehmen würde, aber dann war ich schon auf dem Weg nach Mittelamerika.

Zunächst lebte und arbeitete ich in einem kleinen Ort mit dem Namen »Dulce Nombre di Maria«, was mir bedeutungsvoll erschien, weil mein Name Christina Maria ist. Dieser Ort an der Grenze von Honduras und Salvador wurde zu einem magischen Platz für mich. Ich war erfüllt von einer gewissen Unberührbarkeit, wie sie jungen Menschen zu eigen ist: Hier war ich nun in dieser kleinen Stadt, um Aufklärung und Hilfe zu leisten bei Ernährungsfragen, Kinderfürsorge und Hygiene. Es war eine wundervolle Erfahrung, soviel Verantwortung zu haben, ohne nach den üblichen Papierkompetenzen gefragt zu werden. Die Menschen kamen einfach zu mir, um etwas zu lernen.

Diese Situation sorgte dafür, daß die multidimensionale

Person in mir zur Geltung kam, die sicher zu führen wußte, die heilen konnte, die Dinge vollbrachte, die ich als junge Amerikanerin in den USA nicht zu tun wußte. Nun aber war ich sozusagen wie ein Frosch, der aus seinem Teich herausgekommen war und deshalb keine Begrenzungen mehr kannte. Die Menschen erwarteten von mir, daß ich alles mögliche wußte und konnte – und deshalb konnte ich es auch tatsächlich.

So hielt ich kranke Kinder in meinen Armen, und es ging ihnen danach besser. Ich kommunizierte mit ihnen auf einer Ebene, die wir »Zauber« nennen. Ich erlebte mich als ein magisches Wesen, ich erlebte die Menschen um mich herum als magische Wesen, sie betrachteten mich als magisches Wesen: Wir erlebten einander und reagierten in einer Weise, die ich niemals zuvor kennengelernt hatte. Die Zauberwelt meiner Kindheit war immer vor wirklichen Interaktionen mit der Außenwelt beschützt worden, ich hatte sie ganz allein erfahren. Hier aber war ich nun und konnte mich auch nach außen hin erleben und offenbaren, ohne ständig »warum« gefragt zu werden.

Es tauchten allerdings auch Schwierigkeiten auf. Ich hatte ein Haus gemietet, das einer Frau gehörte, die immer Streit mit ihrem Mann hatte. Wenn der Streit zu heftig wurde, kündigte sie dem jeweiligen Mieter ihres Hauses und zog dann selbst dort ein. Da es wieder einmal soweit war, wollte sie mich loswerden, ich aber wollte nicht ausziehen. Also verpflichtete sie die beste Zauberin in jener Gegend in Salvador, um mich loszuwerden, wenn nötig, mich sogar zu töten.

Alle meine Freunde und Nachbarn wurden sehr besorgt um mich und sagten mir: »Niña Christina, du mußt etwas tun, du mußt ausziehen, du darfst diese Frau nicht verärgern.« Aber ich antwortete: »Nein, nein, ich werde hierbleiben.« So beauftragte die Hausbesitzerin also diese Zauberin, diese »Hexe«, und das löste bemerkenswerte Vorgänge aus.

Menschen kamen zu mir, die mir vieles von der Mythologie berichteten, über Zauberei, wie Menschen beherrscht oder sogar getötet werden könnten, sie berichteten von Zauberreichen der Macht, und ich sagte ihnen immer wieder nur, daß ich daran nicht glaubte. Ich glaubte nur an positiven Zauber, an »weiße Magie« und hegte zu keinem Zeitpunkt die Vorstellung in meinem Gemüt, daß mir etwas von anderen negativ Gewünschtes zustoßen kann.

Es war wie ein Initiationsprozeß für mich, der für meine spätere Arbeit sehr wichtig wurde. Der begrenzte Verstand, das bewußte Gemüt ist nur die Spitze des Eisbergs dessen, was wir wirklich als wahr erkennen und verstehen können. Mein begrenzter Verstand sagte mir: »Nein, das ist nicht wahr, das kann nicht sein, was diese Zauberin mir angeblich antun will«, und doch wurde ich in diese Initiation des tieferen Verständnis, was Bewußtsein ist, hineingezogen. Ich bekam Malaria, wurde sterbenskrank, was natürlich jedermann um mich herum als die Wirkung des Zaubers erklärte. Heute erkenne ich, daß ich selbst willentlich zustimmte, für meine Initiation sowie für ihren Zauber als »Instrument« zu dienen. Es war ihr natürlich nicht möglich zu töten, und dadurch wurde ich an diesem kleinen Ort so etwas wie ein mythisches Wesen, denn bisher war der Zauberin noch jede magische Absicht gelungen, bis hin zum Tod von Widersachern.

Ich wurde wieder langsam gesünder, obwohl ich noch laufend Malariaanfälle erlebte. Sie waren oft mit sehr hohem Fieber verbunden, öffneten mir indes die Augen für Realitäten außerhalb meiner Alltagswirklichkeit, auch Ausblicke in die Zukunft. So hatte ich einmal zum Beispiel während eines Malariaanfalls eine Art Traum von einer sich bewegenden großen Schwärze. Ich sah, wie diese Schwärze in unseren Ort einfiel und durch ihn zog und erwähnte das nach dem Malariaanfall gegenüber mehreren Freunden. Einige Wochen später wurde der ganze Ort von Wanderameisen überrannt, die alles niedermähten. Wie eine schwarze unförmige vibrierende Masse bewegten sie sich quer durch die kleine Stadt und fraßen alles auf. So hatten wir nachträglich eine Erklärung für mein inneres Schauen bekommen.

Die mythologischen Geschichten werden in spanisch »creancias« genannt, was soviel wie »Glauben« heißt. Es sind Geschichten, die sich die Menschen vom Anbeginn der Zeiten gegenseitig erzählt haben. Manche dieser Mythen handeln

von geistigen und spirituellen Themen. Überall in Lateinamerika gilt, was so auch von allen »Eingeborenen«-Kulturen in
der ganzen Welt als wahr verstanden wird, nämlich daß Geist
und Materie nicht getrennt sind. Der Körper wird als eine
Art Megaphon angesehen, der Körper führt den Tanz des
Geistes aus. »Ganz im Geist, ganz im Körper.« Wenn sie also
Krankheiten behandeln, kann es sein, daß sie nicht den Körper,
sondern den Geist behandeln. Sie erzählen Schöpfungsge-
schichten, Berichte von der Erstbesiedlung des Landes, vom
ersten Auftauchen einer bestimmten Krankheit oder von Er-
klärungen über Dinge, die jetzt in unserem Körper geschahen.
Sie erzählten mir all diese Geschichten, Märchen und Mythen, und da ich zu jener Zeit sehr von der linken Hemisphäre
des Gehirns beeinflußt war, schrieb ich all diese Erzählungen
nieder. Die Menschen hatten diese Geschichten vom Beginn
ihrer Existenz in ihren Stämmen weitergetragen, und dennoch verloren diese Geschichten nichts von ihrer Energie.
Während ich also zunächst damit beschäftigt war, diese Mythen zu »dokumentieren«, bemerkte ich, daß die Menschen,
die sie mir erzählten, auf ihre eigenen Geschichten und auf
die dreidimensionale Welt um sie herum so reagieren, als ob
ihre Mythen nicht Vergangenheit, sondern Gegenwart seien.
Man wußte nie so recht, ob der Butzemann, der in seinem
drohend wehenden Umhang vor jemandes Tür erschien, der
Familie gestern abend Angst gemacht hatte, oder ob er der
Urgroßmutter erschienen war. Die Menschen hatten der Zeit
erlaubt, zu einem großen Meer zu werden, zu einem kontinu-
ierlich pulsierenden Lebensstrom, in dem die tatsächliche
Zeit des Hier und Heute keinerlei Wirkung hatte auf die
Macht von Erfahrungen, denen das Körpergefährt jetzt unterworfen war. Für sie bedeutete es keinen Unterschied, ob etwas
ihnen jetzt zustieß, oder ob es ihren Vorfahren vor Hunderten
von Jahren zugestoßen war. Die Art und Weise, wie sie ihre
Geschichten erzählten, schufen eine sehr reale Energie.

Wir kennen diese Vorgänge ja auch, wenn wir uns oder
vor allem Kinder beobachten. Man liest ein Buch, man sieht
einen Film und wird so vom Geschehen erfaßt, identifiziert
sich vielleicht mit der einen oder anderen Person dergestalt,

daß man – zumindest während der Zeit des Lesens oder Zuschauens – die Geschichte als Wahrheit empfindet. Diese Prozesse sind deshalb bedeutender, als wir vielleicht gemeinhin meinen, weil sie eine von jedem erlebbare Situation darstellen, in der ein Eindruck einer mythischen Erfahrung genauso stark wirksam sein kann wie der einer »realen« Erfahrung, die sich im normalen dreidimensionalen Leben in Raum und Zeit abspielt. Wir haben durch diese Erlebnis-Identifikationsvorgänge einen Ansatz, astrale Regionen und Dimensionen zu erforschen, in denen sich das Meer des Bewußtseins ausbreitet. Und obwohl wir uns der Existenz der Bewußtseinsformen in diesen Astralebenen nicht klar sein mögen, haben sie doch eine sehr subtile und gleichzeitig nachhaltige Wirkung auf uns. Sei es durch die Geschichte und Geschichten unserer Gruppe, unseres Klans, unserer Familien, oder auch durch andere Bewußtseinsschichten unserer selbst.

Mich begannen diese Realitäten, diese Energien, die das Leben von Menschen zu dirigieren schienen, sehr zu faszinieren. Da die Menschen dort mit dem Wissen um Bakterien und Viren, mit modernen medizinischen Erkenntnissen nicht vertraut waren, waren es für sie mythologisch begründete Einflüsse, die die Menschen leben oder sterben ließen. Und selbst aus der Kenntnis unserer Wissenschaft heraus ist ja nach wie vor nicht geklärt, warum der eine krank wird und der andere gesund bleibt, obwohl beide Menschen den gleichen Bakterien und Viren ausgesetzt sind.

Ich arbeitete später dann an mehreren anderen Orten und in anderen Ländern für das Peace Corps. Meine Tätigkeit hieß »Expertin für kommunale Entwicklung«. Dabei ging es um Hygienefragen, um den Aufbau von Grundschulen, um einfache landwirtschaftliche Kenntnisse, um Ernährungsfragen und um die medizinische Versorgung. In der Zeit im Peace Corps heiratete ich meinen Mann Richard, der als Peace Corps-Direktor arbeitete.

Richard unterstützte meine Suche und Erforschung indianischer Mythologien und »anderer« Wirklichkeiten mit großem Verständnis. Da psychische Erfahrungen mir als sehr natürlich erschienen, fiel es auch ihm leicht, sie zu akzeptieren. Und damals war ich noch mehr darauf aus, Informationen und Daten »wissenschaftlich« zu sammeln und zu dokumentieren, um jene übersinnlichen Erfahrungen wirklich nachweisen zu können. Später ließ ich allerdings all diese Niederschriften zurück, da ich erkannte, daß sie für mich nicht wichtig waren. Ich warf sie bei meiner Abreise aus Paraguay einfach weg, so wie ich meine Bücher vor einigen Jahren weggeworfen habe, als ich in Galisteo von einem Haus in ein anderes umzog. In beiden Fällen hatte mein höheres Selbst mir klargemacht: »Du bist das Buch, du brauchst keine Bücher.«

Nachdem wir einige Zeit in Bolivien gelebt hatten, zogen wir nach Paraguay. Dort bot sich eine weitere Gelegenheit mein Bewußtsein zu erweitern, indem ich die Indianersprache »Guadani« lernte. Es ist die zweite Amtssprache in Paraguay, und sie sind darauf sehr stolz. Viele Menschen dort spüren, daß dies die Sprache ihrer Seele ist, und sie ziehen sie dem Spanisch vor. Sie schämen sich nicht dessen, sie fühlen sich nicht peinlich berührt, sie sehen es nicht als Analphabetentum an, Guadani zu sprechen. Sie empfinden ihre eigene Sprache als sehr reich, sehr lebendig, und besser geeignet, ihr Innerstes auszudrücken als die »fremde« Sprache des Spanisch.

Ich war einer der wenigen Ausländer, die jemals diese Sprache erlernten. Dadurch wurde für mich ein neuer Ausblick geöffnet, ein Vorhang zwischen dieser Kultur und der meinen weggezogen. Es gelang mir, von einer Bewußtseinsform in eine andere überzuwechseln, mich aus meiner Wirklichkeit in das Reich ihrer Wirklichkeit zu begeben. Es war wunderbar, daß dadurch, daß ich ihre Sprache erlernte, wiederum Menschen viele Stunden Wegs nicht scheuten, um mich zu besuchen und mir ihre Geschichten, ihre Erfahrungen, ihre Wahrheiten zu erzählen. Ich konnte ihnen niemals sehr viel von mir aus bieten, außer, ihnen aufmerksam und geduldig zuzuhören. Ich wußte damals nicht, warum sie mich besuchten. Heute würde ich sagen, daß es natürlich mein »Karma« war, daß es meine Bestimmung war, zeitgleich mit ihnen an diesem Ort zu sein. Manchmal meinte ich, daß es für sie notwendig gewesen sein mag, mir als Vertreterin einer

Außenwelt ihre Wahrheiten mitzuteilen und sie durch mein Verständnis dafür als wahr bestätigt zu sehen. Dieser Vorgang vertiefte ihre Wahrheit.

Wahrscheinlich sahen sie mich als eine Art Schamanin. Sie fühlten sich in meiner Gegenwart genauso wohl wie ich mich in ihrer. Es gab eine Verbindung von Herz zu Herz, in der sie mich wie eine heilende Energie empfanden. Natürlich sprach ich mit ihnen über Pflanzen, ich benutzte meine Kräuter und bestärkte sie darin, daß sie in sich selbst und um sich selbst herum die Kraft finden könnten, sich selber zu heilen.

Das ist nun nichts, was man normalerweise von außen hört. So sahen sie mich nicht als Westler, als Gringo, an. Sie betrachteten mich als jemanden, der eine Brücke zu ihrer Seele schlug, nicht zu ihrer gesellschaftlichen, kulturellen Außenwelt, sondern wirklich eine Brücke zu ihrer Innenwelt – weshalb wir auch alles in Guadani besprachen, obwohl viele von ihnen sich auch in Spanisch hätten ausdrücken können.

Die Zeit in Paraguay brachte mir ein Erlebnis, eine tiefgreifende Erfahrung, die mein Leben wesentlich bestimmen sollte. Überall in Südamerika wird die Sommersonnenwende in besonderer Weise gefeiert. Dieser längste Tag des Jahres wird zum Brennpunkt der Freude am Leben, der Lebenskraft; die Menschen treffen sich, lachen, tanzen, zünden Freudenfeuer an. In vielen anderen Kulturen, zum Beispiel auch in der vergangenen Ära der Kelten, hatten die Feiern der Sommersonnenwende eine tiefe spirituelle Bedeutung.

Ich hatte eine junge Frau, die vielleicht 22 war, als Hilfe für meine kleinen Kinder und meinen Haushalt. Sie war ein ganz durchschnittliches Mädchen aus Paraguay, die Englisch und Hauswirtschaft erlernte, während sie sich nebenbei Geld verdiente. Wir sprachen allerdings weder in Englisch noch in Spanisch miteinander, sondern nur in Guadani. Zu dieser Zeit lebten wir in der Hauptstadt Asuncion, obwohl wir natürlich eine Menge Zeit auf Reisen in das Innere des Landes verbrachten. Diese junge Frau sagte zu mir einige Tage vor der Sommersonnenwende: »Komm doch mit mir, wir wollen diesen großartigen Tag der Lebenskraft gebührend feiern. « Da wir miteinander befreundet waren und ich immer Interesse an Sitten und Gebräuchen hatte, kam ich mit, um die große Feier mitzuerleben. Ich spürte damals in keiner Weise, worauf ich mich einließ.

Wir fuhren mit dem Bus in einen Außenbezirk und sahen bereits, wie dort das Holz für ein riesiges Freudenfeuer aufgestapelt wurde. Ich hatte solche Feuer bereits in Bolivien am Abend eines Sommersonnwendtages erlebt und nahm an, daß sie dazu dienten, die Energien zu reinigen, symbolisch die Lebenskraft darzustellen, und so fort. Nach einiger Zeit war das inzwischen entzündete Freudenfeuer heruntergebrannt, ohne daß ich mir der inzwischen vergangenne Zeit bewußt war. Ich hatte auch nicht mitbekommen, daß sie mit Harken aus den noch rotglühenden Holzkohlen einen langen Weg gebildet hatten. Menschen standen um diesen Weg herum, die glühenden Holzkohlenscheite waren wie eine dichte Kiesdecke ausgebreitet, und plötzlich ging das Mädchen, meine junge Haushälterin, quer über diesen Feuerweg!

Ich war sprachlos. Dieses ganz und gar »normale« junge Mädchen, das für mich keinerlei besondere magische Kräfte zu haben schien, mit dem ich sehr eingehende persönliche Gespräche geführt hatte, von dem ich mich nicht so sehr verschieden fühlte, diese ganz normale junge Frau also, sie also war einfach dorthin gegangen und über einen etwa vier Meter langen Weg aus heißen, rotglühenden Holzkohlen geschritten. Und fast alle andern taten es ihr nach!

Damals, 1967, war »Feuerlaufen« noch nicht so weithin bekannt wie heute. Heutzutage wissen wir, daß wir aus dem Feuerlaufen viel lernen können. Heute belegen wir solche Erfahrungen gleich mit bestimmten Bedeutungen, wir beschäftigen uns intellektuell damit. All dies galt aber nicht damals für diese junge Frau, die lediglich deshalb durch die Feuersglut schritt, weil »man sich am Tag der Sommersonnenwende dadurch erneuert«. Sie war daran, wie ich später erfuhr, gewöhnt seit ihrer Kindheit.

Zeuge dieser Vorgänge zu sein, forcierte mein Bewußtsein, bisher bekannte Beschränkungen zu durchbrechen. Ich wurde nicht mit der Tatsache fertig, daß meine ganz normale Freundin ohne jegliche Vorbereitung, ohne jedes Fasten, ohne jede rituelle Einstimmung, ohne irgendeine psychische Besonderheit einfach durch die Feuersglut gegangen war. Ich hatte über Feuerlaufen zwar schon vorher gehört, als Teil religiöser Rituale, aber nicht in dieser einfachen, unprätentiösen Art.

Ich mußte also schließlich erkennen, daß es eine Unbegrenztheit in uns gibt, von der wir üblicherweise zwar getrennt sind, die aber nichtsdestotrotz existiert. Ich bin selbst inzwischen über zwanzigmal durch glühende Kohlen gegangen, genauso wie meine Kinder, alle fünf, bis auf den Jüngsten, der erst zwei Jahre alt ist. Und da ich an verschiedenen Orten zu verschiedenen Zeiten in unterschiedlichen Gruppen diese Erfahrung des Feuerlaufens machen konnte, kann ich sagen, daß es keinerlei »Trick« dabei gibt. Es geht nicht darum, wie heiß die Kohlen sind, oder daß man irgend etwas unter die Glut legt oder sonst etwas. Die Kohlen sind einfach heiße Kohlen, und wenn wir darüber schreiten, dann wissen wir nicht, warum dies so ist, warum wir es können. Wir sind erst am Anfang unseres Verstehens, daß der Körper ein Teil unseres weiten, multidimensionalen Wesens ist und nicht nur dieses begrenzte Vehikel, als das wir ihn normalerweise betrachten. Die Leute in Paraguay hatten keinerlei Erklärung dafür, warum sie durch heiße Glut schreiten konnten, sie betrachteten es lediglich als etwas vollkommen Normales.

Als meine Tochter Megan zwölf war, ging sie zum ersten Mal über glühende Kohlen. Es war für mich hinreißend, ihr zuzusehen, weil sie so furchtlos, so ohne jede Angst war und sich sogar als erste in die Reihe stellte, um hinüberzugehen. Sie konnte es nicht erwarten, während wir anderen noch erst einmal mit uns kämpfen mußten, uns vorstellten, wie es sein würde und darüber miteinander sprachen. Megan ging rasch an den Rand, holte tief Atem, hielt kurz inne und ging dann einfach über die Feuersglut hinweg. Danach kam sie zu mir herüber und sagte: »Jetzt weiß ich, daß ich niemals sterben werde und niemals Krebs bekomme.« Ihr Erkenntnis schlug auch bei mir wie ein Blitz ein.

Megan hatte ihren Eigenwillen ohne jeden Kampf oder Widerstand einfach aufgegeben, um von innen her zu erfahren, daß sie wie selbstverständlich über Feuer laufen konnte. Ein interessanter Aspekt dabei ist, daß diese großartige Initiation, über Feuer zu laufen, dann leichter wird, wenn das Gehirn zuvor eine andere Person wahrnimmt, die es einem vormacht und so bestätigt, daß das unmöglich Erscheinende doch möglich ist.

Diese Einsicht ist auch für meine jetzige Arbeit wichtig. Ich bemühe mich immer darum, daß Menschen ihre Visionen weiter, größer und mächtiger werden lassen. Ob sie nun sich selbst sehen, wenn sie fliegen, oder einfach durch Wände hindurchgehen, ob sie unheilbare Menschen heilen oder irgend etwas anderes – wenn das Gehirn eine Fähigkeit als möglich wahrnimmt, wird auch diese Fähigkeit selbst entwickelt. Zur Einweihung unseres »Light Institute« in Galisteo hatten wir Feuerlaufen als eine Art Initiation vorgesehen. Und ich selbst hatte mir als Aufgabe gestellt, die Erste zu sein, so daß mein Gehirn in diesem Augenblick kein Vorbild hatte, woran es sich orientieren konnte: »Nun, der geht über's Feuer, dann ist es also in Ordnung, es ist also möglich.« Kinder denken so. Kinder wissen normalerweise nicht, daß sie es »eigentlich« nicht tun könnten, ohne sich die Füße zu verbrennen. Ich habe eine ganze Reihe von eigenen Erfahrungen mit Kindern sammeln können, die bestätigen, daß Kindern Dinge gelingen, die wir als unmöglich und unnatürlich betrachten, solange die Kinder keinerlei negativen Bezugsrahmen kennen, der ihnen sagt: »Nein, das geht nicht, das ist unmöglich.«

Mir fällt dafür ein Beispiel von den Kindern meiner Sommerschule ein. Sie spielten einmal ein Versteckspiel, und eines der Kinder schnitt sich an einem Stacheldraht tief ins Knie. Ich hatte sie im Rahmen des »Silva-Mind-Control-Projekts«, eines Pilotprojekts für Kinder, darin unterwiesen, daß man Blutungen stoppen kann, indem man die Hände auf den blutenden Körperteil legt.

Während des Spiels also – ich war nicht dabei – hatte sich ein Mädchen bei einer Art Schnitzeljagd verletzt und blutete stark. Die anderen Kinder kamen und legten einfach ihre Hände auf das Knie und sagten zu sich: »Wir können die

Blutung stoppen und das Knie heilen, wenn wir die Hände darauf legen.« Innerhalb von zwei Minuten hörten die Blutungen auf. Das Mädchen behielt eine Narbe zurück, vielleicht weil wir vergessen hatten uns auch darauf einzustellen, Narben erst gar nicht entstehen zu lassen.

Als ich am Abend von der Geschichte hörte, war mir dies eine weitere deutliche Bestätigung dafür, daß der Geist soweit emporsteigen kann und wirksam werden kann, soweit die selbstgesetzten Behinderungen und Begrenzungen fortfallen. Unser Gemüt hat keine Angst vor dem Unbekannten, es fürchtet sich nur vor etwas, was es bereits irgendwie einordnen kann oder kennengelernt hat. Wenn wir keinen Impuls kennen, der uns mahnt: »Mama hat gesagt, sei vorsichtig, dies und das ist so gefährlich«, dann werden wir auch nicht an die üblichen Grenzen stoßen.

Ein wichtiger Teil meiner Lebenserfahrung in Mittel- und Südamerika bestand gerade darin, daß sich in diesen Ländern, unter Menschen, die seit Generationen am gleichen Ort lebten und niemals außerhalb ihres Dorfes waren, Dinge ereigneten, die wir als » Wunder« bezeichnen. Unmöglich erscheinende Geschehnisse passierten. Ich wurde immer wieder mit Wundern konfrontiert. Ich sah mich gezwungen, für mich selbst zu erforschen, wie man sich bewußt und willentlich in jenen Ebenen, in jenen Räumen bewegt, die uns die Befreiung aus den selbst gesetzten Grenzen unseres Alltagslebens erlauben. Ich spürte deutlich, daß es sehr viel mehr gibt, als uns normalerweise geläufig ist. Ich erfuhr, daß die Verbindung all jener Erfahrungen in den Außen- und Innenwelten auf einer geistigen Ebene zu suchen war. Wo das Nicht-Manifeste, das Formlose, das nicht Teil unseres eindimensionalen Lebens, aber dennoch wirklich ist, in unsere Realität eindringt und als Realität angenommen wird, wo es einen Raum im Leben der Menschen erhält, der Familie, der Kultur, dort wird etwas völlig Neues geschaffen!

Ich lernte ganz spezifisch, daß es keinen Unterschied ausmacht, ob wir diese Wirklichkeit leugnen oder sie akzeptieren: es gibt sie, und die mythischen Geschichten und die daraus resultierenden Erfahrungen verfügen über eine eigene wirksame Energie. Es war der Anfang eines ersten Verstehens, daß Energien zwischen dem Formlosen und der Welt der Formen fließen. Wenn wir uns diesen Energien öffnen, wenn wir versuchen, sie bewußt oder unbewußt zu erfassen, uns in sie einzulassen, dann beginnen wir eine energetische Wirklichkeit wahrzunehmen, die bis hinein in unser Alltagsleben reicht. Ich erlebte also solche Energien, sie faszinierten mich, ich wollte sie mehr und mehr erforschen, ich wollte sie im Alltagsleben benutzen lernen.

Und Menschen, die hierher ins Light-Institute kommen und ihren geistigen Horizont erweitern, erspüren diese Energien ebenfalls und lernen, mit ihnen umzugehen.

3.

Echos aus anderen Dimensionen

Ist es nun nur wenigen ausgewählten Menschen möglich, besondere Kräfte zu erfahren, in frühere Leben zurückzublikken, in die Zukunft zu schauen, sich neue Bewußtseinsdimensionen zu erschließen? Ein herausragendes Merkmal unserer Arbeit hier im Light-Institute in Galisteo besteht darin, daß jeder einzelne, der hierher gekommen ist, eigene neue Erfahrungen und Erlebnisse gewonnen hat. Es gibt bislang keinen einzigen, ob er nun reich und berühmt oder arm und unbekannt war, der hierher zu Sitzungen kam, in denen mit Rückführungen in frühere Leben gearbeitet wird, der nicht einen direkten eigenen unmittelbaren Kontakt zu diesen Dimensionen aufnehmen konnte.

Darin liegt auch eine Faszination unserer Arbeit: Menschen, die keineswegs an Reinkarnation oder andere esoterische Konzepte glauben, sondern sie vielmehr ablehnen, Menschen, die in ihrer Alltagsarbeit sehr strukturiert und kompetent sind, sind in der Lage – sobald sie dazu die Gelegenheit erhalten – mit vielen verschiedenen neuen Aspekten ihres multidimensionalen Selbst in Verbindung zu treten. Jeder einzelne von ihnen, und es gibt keine Ausnahme, konnte sich bislang auf völlig neue Weise kennenlernen, erlebte Echos aus anderen Dimensionen, die unmittelbar mit den jeweiligen Problemen des Alltags und den jeweiligen Lebensthemen zusammenhingen.

Deshalb beginnen wir jetzt ein Pilotprojekt mit Kindern. Nicht etwa nur wenige, speziell begabte Kinder sind in der Lage, andere Bewußtseinsebenen zu erschließen. Jedes Kind und jeder Mensch besitzt die sogenannten »Akasha-Aufzeichnungen«, die auf einer ätherischen Ebene alle Erfahrungen und Entwicklungsstufen der Vergangenheit, der Gegenwart und der Zukunft einer jeden Seele beinhalten. Je mehr wir nun unser ganzes Spektrum kennenlernen, je mehr wir die Vielschichtigkeit unseres Wesens erleben, je mehr wir Erfahrungen, Rollenspielfunktionen und noch zu lösende Probleme als ineinandergreifende Bestandteile dieser Ganzheit begreifen, die wir »Mensch« nennen, desto reicher und erfüllter und glücklicher wird unser Leben. Die Wahrheit ist: Es gibt nicht nur dieses eine Leben. Man wird nicht nur einmal geboren, um sich dann durchs Leben zu kämpfen, und um am Ende durch den Tod vollständig zu verschwinden. Unser üblicher Bezugsrahmen stimmt einfach nicht, wie nicht nur die folgenden Auszüge aus Sitzungsprotokollen zeigen.

Übrigens bedarf es nicht unbedingt der Akupunkturnadeln und der esoterischen Akupunkturmethode, um solche Erfahrungen zu machen. Meine Kolleginnen und Kollegen benutzen keine Akupunkturnadeln. Wenn ein Mensch bereit ist, sich selbst zu erforschen und er kundige Hilfe dabei erfährt, wird er in sich selbst all das erschließen, was ihm als multidimensionales Wesen zu eigen ist. Es geht hier nicht um eine bestimmte Bewußtseins»technik«, sondern darum, still zu werden und das eigene Bewußtsein zielgerichtet einzusetzen. Der Wunsch, die Sehnsucht, die Absicht das eigene Innere zu erforschen genügt. Vitale Erfahrungen über uns, unsere Vergangenheit, Ursachen und Lösungsmöglichkeiten gegenwärtiger Probleme und zukünftige Entwicklungschancen stellen sich dann wie von selbst ein.

Ich würde sagen, daß wir alle im allgemeinen uns schon einmal in jeder der bekannten Rassen inkarniert haben. Wir alle – als Kollektiv der Menschheit, nicht vielleicht wirklich jeder einzelne – haben bereits in jeder der großen Zeitepochen gelebt. Wir können diese Erlebnisse sogar als gleichzeitig mit unserem jetzigen Leben ablaufende Vorgänge wahrnehmen. Denn diese früheren Leben sind mit all ihren Erfahrungen in uns gespeichert. Jemand hat für diese gleichzeitige Wahrnehmung verschiedener Zeiten einmal das Bild einer Filmrolle benutzt. Auf der Filmrolle sind alle Handlungen vom

Anfang bis zum Ende des Films gespeichert, aber wir sehen auf der Leinwand jeweils nur eine Handlung. Wenn wir nun nicht nur einen Projektor, sondern viele so anordnen würden, daß rings um uns herum die vielen verschiedenen Einzelbilder der Filmrolle gleichzeitig abgebildet würden, dann würden wir auch alle Handlungen im Film gleichzeitig wahrnehmen.

Die verschiedenen großen Epochen, wie zum Beispiel Atlantis, Ägypten, die Zeit Jesu Christi, das Mittelalter und die Neuzeit, haben uns all jene Erfahrungen gebracht, die für unsere Entwicklung von Bedeutung waren. Wir haben uns mit den Problemen persönlicher Macht genauso auseinandergesetzt wie mit mystischen Praktiken, wir haben versucht, das Dilemma der Polarität zwischen Geist und Materie zu erforschen etc. etc. Diese Lebensaspekte sind ein Bestandteil des Repertoires aller Menschen, die sich jetzt auf der Erde zusammengefunden haben, um aneinander und voneinander zu lernen. Wir sind jetzt so weit, daß wir die Ganzheit unseres Menschseins erfassen können. Die Lektionen der Körperlichkeit, der Instinkte und Gefühlsreaktionen, des intellektuellen Forschens, der Riten und der Mystik haben wir gelernt. Jetzt sind wir also dazu aufgerufen, diese Lektionen zu integrieren und einen entscheidenden Schritt zu tun, um eine höhere Oktave zu erreichen – um Meisterschaft dabei zu erlangen, mit schöpferischen Kräften hier in dieser irdischen Dimension auf schöpferische Weise umzugehen.

Diese Gedanken sind ein kleiner Vorgriff auf die kommenden Kapitel. Sie sollten hier aber kurz gestreift werden, weil sich der Sinn der Beschäftigung mit früheren Leben daraus ergibt. Die folgenden beispielhaften Auszüge aus Sitzungen sind natürlich nur Mosaiksteine aus einem Gesamtbild. Bewußt sind Namen und Daten fortgelassen worden, um den Persönlichkeitsschutz der Klienten wirklich vollständig zu gewährleisten. Diese Protokolle sollen jenen Lesern einen anschaulichen Einblick in die Arbeit auf verschiedenen Bewußtseinsdimensionen liefern, die solche Erfahrungen noch nie selbst gemacht haben und sich so etwas auch nicht vorstellen können.

*

(Die Bemerkungen zwischen Klammern stellen keine Aussagen von Klienten dar, sondern sind meine weiterführenden Fragen oder Kommentare.)

Frau E., Oktober 1984
Fühle mich, als ob ich meine Lungen und mein Zwerchfell nicht genug mit Luft füllen kann. Über meiner Stirn und um mein drittes Auge gibt es eine Menge Spannung. Die Punkte an meinem Bauch! Als du Nadeln hineingesteckt hast, war es wie ein Energiestoß nach unten und entlang meiner rechten Seite. Hinter meinen Augenlidern sehe ich gelbes Licht.

Ich erinnere mich, daß ich als Kind in der Schule aus dem Fenster sehen und dann meine Augen schließen würde, und ich sah dann immer ein Restlicht. Das war in der siebenten Klasse. Gerade, als sich viele Dinge veränderten. In der Klasse gab es einen Spruch oder ein Gedicht an der Wand, das ungefähr so lautete: »Bringe einem Kind Geduld bei, und es wird Toleranz lernen.« Ich war traurig, als ich es gelesen hatte, und ging nach Hause und sagte meiner Mutter, daß ich einen Minderwertigkeitskomplex hätte. Das war das erste Mal, daß ich mich so fühlte.

(C. G.: Frage das heranwachsende Mädchen, was sie braucht.) Die Antwort, die sofort zu mir kommt, lautet: »Ich möchte, daß du mich liebst, auch dann, wenn ich ungeschickt oder dusselig bin.« (Welches Geschenk gibt sie dir?) Das junge Mädchen gibt mir eine kleine Figur mit weichen Linien, wie eine Madonna mit Kind. Sie fordert mich auf, mich auf ihr Herz zu konzentrieren – das hält sie in der Mitte. Sie ist an einem Punkt angelangt, an dem sie ihre Herzmitte verliert, weil sie nicht mehr ein Kind, aber noch nicht Erwachsener ist.

Farben – sehr grün, die Farbe von Gras und etwas Rot. Sie wickelt das Grün wie zum Schutz um sich herum und geht darin auf . . . das Rot geht in mich ein, zwischen meinem Herzen und dem Solarplexus. Sie geht nach draußen und setzt sich auf eine Schaukel auf einem Spielplatz. Es geht ein bißchen Wind. Sie fühlt sich jetzt gut.

Mich juckt es ziemlich – am rechten Nasenflügel, am Herzen, im Schritt, unter dem Armen und dort, wo meine

Tränen hinunterlaufen. (Das sind Orte, an denen Emotionen festgehalten werden.)

Ich sehe das Bild eines Ritters, der durch den Wald reitet, das Visier heruntergelassen. Er sieht gefährlich und bedrohlich aus. (Ein charakteristischer Archetypus in dir.) Er sitzt von seinem Pferd ab und hebt das Visier, er hat ein weiches Gesicht. Der Ritter geht zum Bach, wirft seinen Helm fort und geht auf die Knie. Er spielt mit der kleinen Blume, die zwischen seinen Fingern ist, und wiegt sich hin und her. Er ist sehr traurig. Er weint – er kann so einfach nicht mehr weitermachen, das spürt er. Wütend wirft er seine Rüstung fort und schlingt seine Arme um den Hals seines Pferdes und weint.

Jetzt sehe ich ihn am Rand des Flusses sitzen. Er hat lockige schwarze Haare. Er sitzt dort stundenlang, bis er von einer Ruhe erfüllt wird, die von den Bäumen, dem Fluß, dem Gras und der Sonne kommt. Jetzt fühlt er sich nicht mehr zornig oder aufgeregt, sondern nur friedlich. Das Pferd steht noch da und wartet auf seinen Herrn. Er geht hinüber zum Pferd und nimmt den Sattel fort und wirft ihn auf denselben Haufen wie seine Rüstung. Er läßt das alles hinter sich und beginnt, mit dem Pferd davonzumarschieren. Er spürt, daß ihm eine Last abgenommen worden ist. Er wird nicht länger mehr Ritter sein.

Er geht aufs Land und wird ein Bauer. Er will kein Reiter mehr sein. Er möchte eine Frau und Kinder, er möchte Dinge pflanzen und sie wachsen sehen, statt Leben zu zerstören ... Er spürt, daß er eine gute Entscheidung getroffen hat. Er weiß nicht, wie er es anfangen wird. Er hat sogar sein Schwert zurückgelassen. Er hat kein Geld mehr. Er möchte nur weich sein, anstatt Menschen den Kopf abzuschlagen.

Ich sehe ihn, wie er als zufriedener Bauer lebt. Niemand weiß, daß er ein Ritter war. Er hat eine Familie. Wenn die Adligen vorbeireiten, denken sie, daß er ein Bauer ist. Er lächelt nach innen und läßt sie in diesem Glauben.

Jetzt sehe ich steile bewaldete Hügel in Hawaii. Ein nacktes Kind steht unter einem Wasserfall ... Seine kleine Schwester ist auch bei ihm. Ich spüre eine Enge in meinem Brustkorb, als ob ein Brett darauf liegt und verhindert, daß ich Luft bekomme. Sie sind kleine Hawaiikinder, die ganz nackt herumlaufen. Sie gehen zu einem Felsvorsprung, von dem sie auf den Ozean hinunterschauen, und die Hitze der Steine und der Sonne wärmt sie und trocknet sie. Die ganze Welt ist ihr Spielplatz. Sie rennen einen Weg am Wasserfall entlang in ein Strohhüttendorf, mit bewässerten Feldern davor. Sie laufen nach Hause. Ihre Mutter ist dort, in einem farbenfrohen Kleid – sie ist dick. Sie ziehen an ihrem Kleid und wollen etwas zu essen haben. Sie spielen und lachen und ihre Mutter macht mit. Sie sitzen auf der Stufe und essen Bananen. Ein weißer Hund beobachtet sie und wedelt mit seinem Schwanz.

Am Abend sitzt ihre Mutter bei ihnen und erzählt ihnen Kindersagen. Sie sagt, daß vor langer langer Zeit Menschen mit weißer Haut über das Meer zu ihrer Insel kamen. Ich spüre, daß alles so liebevoll ist ... Es ist eine schwierige und ernste Aufgabe, zu überleben – aber das Leben ist auch spielerisch. Ihre Mutter lehrt sie Dinge, aber sie muß nicht viel sagen ... über die Einheit der Dinge ... sie wissen das. Das ist ihre Lebensweise. Ihre Hütten sind ein Teil der Erde, der Insel und des Meeres, und sie sind auch ein Teil dessen.

Kinder machen eine Exkursion auf die andere Seite der Insel. Dort gibt es »Javalinas«, wilde Schweine, dort drüben, wo die Weißen gelandet waren. Die Kinder wußten nicht, daß es dort ein Dorf gibt. Sie sehen Schiffe in der Bucht. Die Männer von den Schiffen waren auf Jagd und hörten die Kinder in den Büschen rascheln und schossen mit ihren Musketen, weil sie dachten, daß es das Geräusch der wilden Schweine war.

Der kleine Junge sitzt da, sein Brustkorb ist von einer Musketenkugel geöffnet. Er ist weder feindselig noch ärgerlich, sondern überrascht und benommen. Ich bin nicht der Junge, ich bin seine Schwester. Ich schaue zu ihm hin. Die weißen Männer sind aufgeregt und voller Mitleid. Sie heben ihn auf, obwohl keiner des anderen Sprache versteht. Sie bringen den Jungen zur Hütte der Mutter. Es gibt ein großes Wehklagen. Das Dorf und die Mutter sind alle aus der Fassung und beachten die fremden weißen bärtigen Männer gar nicht. Der kleine Junge hat immer noch seine Augen weit aufgerissen und stirbt in den Armen unserer Mutter.

. . . Er ist ein Teil von allem, wie es auch sein Tod ist. Solange der Junge im Feld begraben ist, wird er immer bei ihnen sein. Die weißen Männer schütteln ihre Köpfe und gehen fort.

Das kleine Mädchen trauert um seinen Bruder und vermißt ihn, aber es geht in das Dorf und findet unter den anderen Kindern Freunde . . . Es vermißt seinen Bruder, aber es ging fort und hat jemand anderen gefunden, mit dem es spielen kann. Der kleine Junge ist M. (Es ist ein gutes Zeichen, daß man in Beziehungen auch bei plötzlichen Veränderungen das größere Ganze sehen kann, die Veränderungen oder den Verlust akzeptieren und weiterleben kann; daß man also das Gefühl des Verlustes zuläßt, aber sich dann weiter auf mehr Liebe hin bewegt.)

Herr B., Juni 1986
Nach der letzten Sitzung, in der ich mich im Besitz von Selbstzweifel und Selbstbewertung befreit habe, fühlt sich mein Körper klar und erfrischt.

Ich fühle eine sehr reine Lavendelfarbe – weich und himmlisch.

Ich fühle/sehe eine sehr weiche überirdische Pink-Farbe mit dem Lavendel kombiniert. Wie die weichen Pinks, die man in einem weißen Opal sieht.

Diese Farben und Energie kamen in meinen Körper unterhalb des Kinns und in der Kehlkopfgegend – sie haben meinen Kopf und meinen Brustraum erfüllt.

Seit die Farben sichtbar geworden sind, habe ich das allerschönste Bild eines Wesens in menschlicher Form, gefühlt/gesehen, das ich je gesehen habe. Schön jenseits aller Beschreibung – ich finde nicht die geeigneten Worte, um diese Person zu beschreiben. Ich blicke geradewegs durch ihn/sie hindurch, und das einzige was zu sehen ist, ist Schönheit – Gott. Ich kann nicht sagen, ob es ein Mann oder eine Frau ist; sehr rein und klar. Wir kommunizieren miteinander. Sie sagt mir, daß dies die Form ist, die ich in einem früheren Leben hatte.

Reine Energie mit durchflutetem Licht. Es ist ein Mann. Aber es ist so schön, daß ich dachte, daß es eine Frau wäre. Spielt keine Rolle, männlich oder weiblich – es gibt keinen Unterschied. Es wird mir gesagt, daß dies mein SELBST in der Gegenwart ist. Ich habe Mühe, das zu glauben, weil diese Gestalt so schön und rein ist. Reine Energie. Bewußtsein – Gott.

In unserer Kommunikation wird mir gesagt, daß dies die Form ist, die ich in diesem Leben auf dieser gegenwärtigen Ebene annehmen werde. Sie/er schwebt, strahlt ein wunderschönes Licht aus – das schönste Licht, was man sich jemals vorstellen könnte. Gleißend und weich. Intensiv und rein. Es ist das Bild Gottes.

Mir wird von innen gesagt, daß alles, was ich tue und berühre, mit und durch dieses Licht geschehen soll. So etwas wie Zweifel oder Versagen gibt es nicht! Ich soll mit diesem Wissen durch meine Aktivitäten gehen. Ich soll mit dem fortfahren, was ich auch bisher gemacht habe, dieselbe Aktivität also, aber mit einer anderen Energie. Es gibt keine Trennung zwischen der irdischen Aktivität und dem Ätherischen – keine Spaltung. Ich habe bisher immer eine Trennung zwischen täglichen Beschäftigungen und ätherischen Wirklichkeiten empfunden – die Spaltung gibt es nicht mehr länger. Die Alltagsbeschäftigungen werden auf ätherische Höhen gehoben. Tränen kommen in meine Augen. Zuviel Schönheit. Atemberaubend – jenseits von Worten. Kein einziges Wort oder Satz werden diese Erfahrung beschreiben.

Mein physischer Körper und dieser Lichtkörper verschmelzen. Es ist erstaunlich, wie vollkommen sie bis in die letzte Zelle übereinstimmen. Mein physischer Körper nimmt eine andere Form an. Mein häufiges Jogging hat einige der Unreinheiten vermindert, so daß dieses Verschmelzen leichter wurde.

... Der Punkt, wo wir verschmelzen, liegt im Chakra unterhalb meines Nabels.

... Ich habe einen Alltagsjob, Routine, aber meine Hauptverantwortung ist, dieses Licht auszustrahlen und zu verbreiten. (C. G.: Wo kam es her?) Es kam aus dem reinen Gottbewußtsein. Ein direkter Lichtstrahl aus der Gottesquelle. Es kam ohne Lebenszeiten von Karma. Es ist voll aller wunderschönen Farben, ohne daß eine Farbe dominiert ... Dieser Lichtkörper ist immer dagewesen, aber er wurde von Schichten von Karma bedeckt. Diese Erfahrung meines Lichtkörpers, der mit meinem physischen Körper eins wird, schmilzt die Masken des Karma fort.

... Es liegt eine Bedeutung darin, daß ich mein Selbst in diesem früheren Leben als Schöpfer von allem, womit ich es zu tun hatte, wahrnehme. Ich konnte alles, was ich wollte, mittels meines Lichtkörpers manifestieren: Frieden, Nahrung, Gebäude, totale Manifestation des Denkens. Ich kann keine einzelne lineare Aktivität herausgreifen, sondern schuf alles durch Gedankenvorgänge. Indem ich meine Aura projizierte, konnte ich alles manifestieren: Harmonie, Schutz, alles. Meine Gegenwart durchdrang alle Existenz.

Jede Zelle, jedes Molekül meines Körpers erstrahlt mit diesem glänzenden Licht...

Frau D., September 1985
(C. G.: Du trittst bereits in einen anderen Bewußtseinszustand ein. Beschreib einfach alle Bilder, Farben, Gedanken, die du siehst oder empfindest.)

Ich sehe Dunkelheit. Ich denke an einen Mann.

(Wer ist der Mann?)

T ...

(Fordere T auf, die Form anzunehmen, die er in deinem Leben wirklich einnimmt.)

Teufel.

(Schau dir seine Energie an. Was ist sie?)

Sexualität.

(Frage ihn, ob du ihn schon früher gekannt hast.)

Ja.

(Was kommt dir als erstes aus deinem höheren Selbst in den Sinn? Nebel oder Engel?)

Engel.

(Bitte den Engel, deinen Körper zu berühren. Sag mir, wo er landet.)

Ich fühle einen Druck auf meinen Knien.

(Fordere den Teufel auf, dich zurückzunehmen und dir das Szenario zu zeigen, damit du es verstehst. Sage mir dein erstes Bild.)

Kirche.

(Schau dich in der Kirche um. Was siehst du?)

Stuck, Kirchenfenster, einfache Bänke, einen Priester . . .

(Fordere dein höheres Selbst auf, dir zu zeigen, was geschah.)

Galerie.

(Was ist auf der Galerie?)

. . . Einsam. Ich habe Angst.

(Bitte dein höheres Selbst, dir zu zeigen, was geschieht.)

Ich habe ein sehr sinnliches Gefühl. Ich spüre meinen Körper . . . Ich denke an L. (. . . Laß sich das Szenario einfach entfalten.)

Ich schreie. (Okay. Gut . . . Was passiert mit dir? Wie fühlst du dich? Bist du wütend oder verängstigt oder beides?)

Es wird heller. Ich denke an L . . . Der Priester. Es war der Priester, jetzt ist es aber vorbei . . .

(Was geschah? Hast du die Kirche verlassen?)

Ich sehe L. L . . .

Ich bin mit L. verheiratet. Ich fühle mich L. sehr nahe.

(Schau hin, was er macht, als er dich findet.)

Ich sehe Licht. Mein erster Gedanke war, daß er ihn (den Priester) getötet hat.

(Dein erster Gedanke ist richtig. Siehst du, was dann geschieht?)

Wird L. gehängt? L! (D. weint.)

(Was passiert mir dir?)

Ich sehe dieses Licht. Ich sterbe.

(Schau hin, wie du stirbst.)

Selbstmord.

(Wie?)

Auf dieselbe Weise. Durch Erhängen.

(Nun fordere den Teufel auf, dich wieder zurückzunehmen. Warum hat er dir dies angetan?)

Ich war schön. Eine junge Frau mit langen dunkelblonden

Haaren, schmalem Gesicht, weiter Bluse und einer Art Dirndlkleid – grün oder blau.

Habe ich Angst? Ich spüre etwas intensiv, weiß aber nicht was es ist . . .

Tochter.

(Tochter des Priesters?)

Ja.

(Geh zurück zu der Zeit, als du Tochter warst, bevor du geheiratet hast.)

Ich fühle mich sehr sinnlich.

(Geh zurück und schau dir das Szenario an.)

Er muß mich mißbraucht haben.

(Schau, wie alt du bist.)

Klein, sieben.

(Fordere den Teufel auf, ob es noch andere Begebenheiten gibt, die er dir zeigen will.)

Heuhaufen?

(Was passiert?)

. . . Ich sehe ihn auf mir im Heuhaufen.

(Schau hin, wie alt du jetzt bist.)

Ich bin älter. Mehr so, wie ich mich vorher (in der Kirche) gesehen habe.

. . . Ich kämpfe, kämpfe, kämpfe, kämpfe, kämpfe, kämpfe, kämpfe. (Schwerer Atem) Ich bin jetzt sehr erregt.

(Der Körper hat es nicht vergessen.)

Ich kämpfe und ich sage: »Laß das vorbeigehen.«

(Was für eine Botschaft kommt von ihm?)

Zerstörerisch. (Frage dein höheres Selbst, ob du die, die L. gehängt haben, in diesem Leben kennst.)

(D. beginnt zu weinen.) Ich liebe L. so sehr.

(Frage, wer sein Leben genommen hat.)

Nur T.

(Ziehe das weiße Licht in deinen Körper hinein, überall hin . . .)

Er (der Teufel) ist verschwunden.

(Nun atme das weiße Licht in deinen Körper . . . Visualisiere wieder den Engel . . . und ziehe ihn in deinen Körper und beobachte, wo er in dich eingeht.)

In die Brust.

(Wundervoll. Beobachte, wie du reagierst ... Atme durch die Schädeldecke deines Kopfes und durch den Solarplexus das weiße Licht ein und weite dein Aurafeld so aus, daß du spürst, wie die Energie über deinen Körper hinausgeht und um dich herum, dich vollkommen beschützt, und dich körperlich stark und geistig ganz und erleuchtet werden läßt.)

Frau T., März 1986

Ich sehe einen Sonnenaufgang. Etwas Gelbes kommt aus Schatten heraus.

(Bitte das höhere Selbst, dich in irgendein Leben oder in irgendeine Dimension zu führen, die dir in diesem Leben helfen werden.)

Ich bekomme Farben – intensiv Blau und Grün.

(Sauge diese Farben in deinen Körper ein, besonders ins Herz.)

Ich schwimme in Blau – Grün herum. Eine grüne Person. Ein Hopsen wie im Trickfilm. Verschiedene Gestalten und Formen, die herein- und hinauspurzeln.

(Atme ein und aus, um diese Gestalten loszuwerden und sie freizusetzen.)

Felsen, Wände, Felsblöcke ... ein roter Teppich mit Braun, eine Art türkischer Teppich. Meine Angstgefühle, weder schwer noch leicht. Mein linkes Bein, im unteren Teil des Beins, innen am Knöchelpunkt ...

Jetzt ist es strahlend blau – fühlt sich so an, als ob ich fliege. Ich segle im Raum. Ich fühle mich, als ob ich ein Sockel bin, der in einer Fassung steckt. Ich fühle mich, als ob ich auf meinem Rücken durch den Raum schwebe. Dinge bewegen sich um mich herum. Grüne Formen wie Schatten.

(Spürst du, ob sie Bewußtsein besitzen?)

Mein Körper fühlt sich sehr seltsam an. Von den Schulterblättern an abwärts bis in die Hände fühle ich mich taub.

(Fordere das höhere Selbst auf, den Kontakt zu machen, um zu sehen, was diese Formen dir zu sagen haben.)

Die Formen – ja, sie haben ein Bewußtsein ... Ich bekomme jetzt keine klaren Bilder, sondern spüre hauptsächlich etwas in meinen Körper.

Schmerzen in meinem Unterbauch. (Geh in den Schmerz hinein.) Es ist zwischen meinen Beckenknochen. Ich bin hineingegangen, wie ein Vulkan, der ausbricht. Es fühlt sich ganz natürlich an. Es strömt über wie Lava. Ich habe die Sinneswahrnehmung, einen weißen Mantel aufzuhängen. Etwas wie eine Luftballonexplosion von Weiß mit Rot, das sich wie bei einem Feuerwerkskörper darüber ergießt. Ich spüre etwas wie feinen endlosen Sand. Ich hatte dasselbe Gefühl, als ich klein war und am Klavier übte. Zeitlupe, geruhsame Gefühle, als ob die Zeit sehr stillsteht. Jetzt sehe ich, wie eine Zugbrücke heruntergeht. Ich fliege wieder ... Ich komme zu einem Holzstall. Werkzeuge eines Schmieds, und da steht ein schwarzes Pferd, keine anderen. Energien laufen in der Mitte meines Rückens herunter.

(Warst du der Schmied?)

Ich war nicht der Schmied.

(Geh zurück zur Zugbrücke. Du mußt dir beibringen, dich dorthin zu bewegen, wo du hin willst.)

Ich bin kein Ritter. Ich bin nur ein normaler Mann, der ärmliche Bauernkleidung trägt. Ich gehöre nicht in dieses Schloß, an diesen Ort. Ich habe Angst! Ich bin in einem Raum, wo es einen weißen Kamin gibt.

(Hast du immer noch Angst?)

Nein, ich fühle mich wohl. Ich bin auch kein Mann mehr. Es gibt ein quadratisches Loch in der dunklen Decke. Jetzt sehe ich zwei und auch ein Dreieck. Aus dem Dreieck schaut ein Augapfel heraus ...

(Bitte dein höheres Selbst, dich in eine jener Szenarien zurückzunehmen, die dir das zeigen, was du wissen mußt, um dich davon lösen zu können.)

Es gibt ein Fenster mit einem Absatz. Tassen hängen von einem Gestell und Licht kommt durch das Fenster. Ein Gefühl in meinem Magen.

(Geh in den Magen.)

Bilder kleiner Menschen auf drei Rädern, mit großen silbernen und türkisen Kopfbedeckungen, die marschieren.

(Schau zu, ob du beteiligt bist. Bist du einer von denen, die marschieren?)

Bild eines Mannes – helles Aquahemd in schwarzen Berry-hosen, groß und schlank – er ist einfach schnell und anmutig hereingekommen und wieder hinausgegangen.

Der arme Mann sucht seine Töchter, die ihm gestohlen wurden. Niemand will ihm helfen. Es kümmert sich einfach kein anderer darum. (Die Menschen) kümmern sich nicht um einander. Ich habe wieder Schmerzen in meinem Bauch.

(Geh in den Schmerz im Bauch und atme hinein und beobachte, was er dir zu zeigen hat.)

Die Mädchen sind mißbraucht worden. Die Person, die sie entführte, hat sie mißbraucht. Die Mädchen sind tot. Sie sind total welk und leblos. Der Mann ist voller Trauer und Wut. Er versucht die Personen zu finden, die das getan haben. Die anderen Menschen helfen ihm nicht, sie lachen ihn aus. Es scheint an diesem Platz keine Frau zu geben, es ist ein Kloster. Jetzt tut mein Magen wirklich weh. Bei den Mädchen war ein kleiner Junge. Er wurde gequält und befindet sich im Schock. Er lebt noch, aber sein Geist ist weg. Er ist voll Angst und Schock. Niemand tröstet oder hilft dem Mann. Mein Arm wird jetzt steif. Er dreht sich mit dem kleinen Jungen um, wie verloren. Er hat einen Karren, in dem beide Mädchen liegen, den er zieht. Den Jungen trägt er in seinen Armen. Er ist völlig niedergeschlagen. Er muß akzeptieren, daß er seine Wut nicht los wird, weil alle ihn einfach ignorieren.

(Das ist eines deiner Themen: Niemand hilft!)

Er trauert und begräbt die Töchter, der kleine Junge bleibt im Schock. Ich habe immer noch Schmerzen im Bauch. Der kleine Junge welkt einfach dahin. Der Mann wird zum Ein-siedler, er ist in sich zurückgezogen. Er drängt seinen Zorn und seine Trauer nach unten. Ich sterbe an gebrochenem Herzen, ich scheine nicht sehr alt zu sein, mein Haar ist hauptsächlich dunkel. Der kleine Junge ist mein Bruder R. Die Töchter sind meine Schwester S. und meine Freundin K. Der Mann, der sie mißbraucht und getötet hat, ist mein Bruder M.

(Frage dein höheres Selbst, ob es aus dieser Lebenszeit noch andere Bilder gibt, die du kennenlernen solltest.)

Mir wird noch übler, noch mehr Schmerzen.

(Geh also nun in dein Herz hinein und setze diesen Schmerz frei. Geh zurück zu den Bildern jener Lebenszeit und lasse sie aus dem Körper herausgehen, so daß du dich von diesen Erinnerungen befreist und lasse zu derselben Zeit die Bilder der Familie los. Atme das weiße Licht ein. Beobachte, wo der Ort im Körper ist, an dem der Schmerz, keine Hilfe zu erfahren und ausgelacht zu werden, festsitzt.)

Der Bauch.

(Frage den Bauch, welche Farbe er braucht, um ins Gleichgewicht zu kommen, um diesen Schmerz zu harmonisieren und loszulassen.)

Violett.

(Laß also Violett von oben herein und durch den Bauchraum fließen – laß es ein flüssiges, wirbelndes Violett sein . . . Laß deinen Körper von Licht durchflutet werden.)

Herr C., Juni 1986
Ich sehe einen großen Kubus von einer Seite. Darin ist ein Gesicht. (Der Kubus ist) wie ein Kristall. Mein Körper ist ruhig und glänzt golden. Irgend etwas passiert unter meinen Rippen. Ich sehe eine große blaue Schale mit einem roten Glanz darum. Es fällt mir schwer, konzentriert zu bleiben. Ich habe einen Führer, der mich hineinführt. Ich sehe einen Strudel, ein langes enges schwarzes Loch. Wir gehen hinein. Auf beiden Seiten sind gewaltige Gesichter wie von Statuen. Wir gehen an ihren Fundamenten vorbei, in der Höhe ihrer Nacken und Kinne.

Ich schaue mir meinen Führer näher an. Er ist ein wirklich alter Mann. Er ist oben herum kahlköpfig mit langen weißen Haaren, die seiden und zottelig aussehen, und er hat spitze Ohren . . . Die Energie, die von ihm kommt, seine Aura hat eine Menge Rot. Er ist tatsächlich sehr mächtig. Er verändert ständig meine Wahrnehmung. Er zeigt mir immer neue Aspekte von sich. Er ist stark, zeigt sich mir aber als eine zerbrechliche Persona. Er ist vom Alter nach vorne gebeugt. Er führt mich an der Hand und ist überraschend schnell.

Seine Ausstrahlung ist die eines freundlichen Philosophen. Ich bitte, in die Lebenszeit zu gehen, in der ich Körper und Geist gespalten habe.

Wir halten inne und schauen nach oben zu einer männlichen Gestalt, die auf einem Felsüberhang steht. Wir sind unter den Klippen mit einer Menge von Leuten. Er trägt ein braunes Mönchsgewand mit einer Kapuze. Viel Licht strahlt von ihm aus. Goldenes und hellgrünes. Aber um ihn herum ist auch eine Aura von Manipulation. Er ist nicht rein. Er sagt uns, während er die Arme zum Himmel streckt, »ihr müßt an mich glauben und euch mir ergeben«. Jeder seiner Anhänger hält eine Kerze und singt oder summt mit niedriger Stimme. Er macht es von seinem Ego aus. Er sagt ihnen, daß er Gott ist. Ihre Köpfe sind tief nach vorne gebeugt, und sie meditieren.

Von ihm geht etwas aus, das ihn als den Schwächsten unter ihnen erscheinen läßt. Sie sind stark und er ist schwach, aber sie haben ihn erwählt, weil er etwas für sie tun wird. Sie haben ihn in eine Machtposition hineingedrängt. Es ist die Zeit der Macht. Um ihn herum sind all diese Farben. Er ist eine Silhouette an einem Feuer. Er sitzt auf dem Boden. Sein Kopf ist nach vorne geneigt. Er sammelt Stärke. Der alte Mann und ich beobachten alles von oben. Es gibt eine Grube, in der alle stehen. Dort sind Hunderte von Menschen, und um den Felsvorsprung stehen riesige Kupferkessel. Jeder ist groß genug, um über tausend Liter zu fassen.

Er sagt ihnen, daß sie ihre Energie bündeln und einen starken Glauben entwickeln müssen. Sie benehmen sich, als ob sie unter Drogen stehen, aber sie tuen es sich selbst an. Sie haben sich entschieden, dies zu tun. Er sagt ihnen, daß sie sich konzentrieren sollen und spricht: »Jene von euch, die überleben, werden mit Stärke belohnt werden.« Zwei große schwarze Kerle kippen einen Kessel auf der rechten Seite um und gießen eine entzündliche Flüssigkeit in die Grube. Dann stecken sie sie an. Die Menschen in der Grube schreien. Es ist ein Holocaust. Es ist wirklich ungewöhnlich, aber er ist darüber weder glücklich noch traurig. Er hat keine Gefühle. Er ist betäubt. Ich rieche das brennende Fleisch. Sie schreien und versuchen, herauszukommen, aber die Seiten der Grube sind glatt.

Die ganze Sache ist innen, unter der Erde. Jetzt spüre ich, wie mich ein helles violettes Licht getroffen hat. Die schwarzen Kerle müssen die Grube säubern. Ich tat es nicht, ich ruhe mich aus. Ich lege mich irgendwohin. Überall hängen Vogelkäfige, aus Stahlbändern gemacht, herum. Ich lege mich auf einer Marmorplatte nieder. Aus dieser Platte kommt güngelbes Licht hervor. Niemand hat das Feuer überlebt. Ich habe sicher geglaubt, daß irgend jemand überleben würde. Sie hätten total in ihrer Mitte bleiben müssen. Ich kann dies tun . . .

Ich sehe jetzt, daß ich ein Ägypter bin, der auf seinem eigenen Sarg liegt – ein Sarkoyogi. Ich bin sowohl friedvoll wie beunruhigt. Ich habe ungeheure Macht und Kontrolle über meinen eigenen Körper. Aber andere nicht. Dies ist eine Schule. Ich bin in einer großen Halle mit Marmorsäulen und Reliefs an den Wänden. Reliefgemälde. Es gibt überall Blau und Gold und Rot. Ich habe die physische Welt gemeistert. Ich kann sie nach meinem Willen manipulieren. Aber ich bin völlig allein. Es gibt keinen, mit dem ich mich darüber austauschen kann. Ich bin also mächtig und einsam und gleichzeitig besorgt. Ich habe keinen, mit dem ich mich austauschen kann. Ich sehe wieder lavendelfarbenes und violettes Licht. Ich bin auch sehr ansehnlich. Klare Züge. Ich schwebe hin und her, vom Körper zum Skelett und zurück.

Das Experiment in der Grube hat nicht funktioniert. Ich werde es nicht wieder tun. Ich habe es nicht getan, um sie zu verletzen. Ich kann diese Dinge nach meinem Willen tun. Es ist nur ein Trick, die Struktur zu verändern. Es macht einem nichts aus. Das ist, was ich ihnen versucht hatte, beizubringen.

Jetzt sehe ich eine Vielzahl von Bildern. Ich schaue eine Leiter hinab in ein Loch, das düster aussieht. Jetzt bin ich in einer grün-gelben Halle mit bestimmten Karomustern überall. Eine Menge von Leuten, Mumien in der Haltung eines Fötus. Jemand stößt sie über einen Vorsprung. Damit ist keinerlei Schuld verbunden. Ich bin in einem Raum innerhalb eines Raumes innerhalb einer Pyramide. Ich hatte sie beauftragt, mich einzuschließen und den Raum zu versiegeln. Es macht mir nichts mehr aus. Ich trage eine knöchellange weiße Robe. Ich habe einen goldenen Halsschmuck an. Er hat konzentrische Halbkreise und geht von meinem Schlüsselbein über meine Brust . . . Mein Grab ist versiegelt, aber ich kann herauskommen, wenn ich es will. Ich bin in einer gewaltigen, rein weißen Pyramide, deren Apex von der Sonne durchdrungen wird. Jetzt sehe ich, daß es der Kubus mit dem Gesicht drin ist, den ich am Anfang der Sitzung sah. Ich spüre, wie etwas unter meinen Rippen gelöst wird, was sich sehr gut anfühlt. Mein Körper ist im Inneren der Pyramide. Ich habe mich nur ausgedehnt, und ich liebe jeden.

Sie können mich nicht sehen. Aber ich habe mich ausgeweitet und bin wie eine Decke von Liebe, die jeden umschließt, ich liebe alle, aber die Menschen geben darauf nicht acht. Ich erreiche nicht, was ich hier will. Eine Metapher: ein Guru lebt unter Pavianen, er ist ihnen physisch nahe, aber es gibt keine Möglichkeit, sich verständlich zu machen. Es ist also sehr deprimierend. Ich möchte nicht auf dieser Ebene sein. Ich möchte mit ihnen spielen. Also habe ich alles aufgegeben. Ich würde lieber all meine Macht aufgeben, um die Wärme von Mitmenschen zu erfahren. Ich hatte ein Gefühl, das ich noch nie erfuhr: daß es nicht recht ist, ich aber mich selbst dazu überzeugt habe. Es ist vorbei.

Ich spüre, daß ihm Mut ermangelt. Die Menschen, die in der Grube verbrannten, waren alles Männer. Aber nun sind sie alles Frauen – G., meine Mutter, meine Großmutter . . . jeder, der mir nahe stand, meine frühere Frau M., L. . . . jeder, zu dem ich eine Beziehung hatte und mehrere, die ich bisher nicht erkenne. Sie sind alles Erwachsene, und ich bin ein Kind. Ich ließ zu, daß sie mich erwählten, um sie all dies für ihre eigene Entwicklung durchmachen zu lassen . . .

Meine Kindheit in diesem Leben. Ich hatte ein privilegiertes Leben in bezug auf Reichtum, Diener . . . meine Eltern waren nicht da. Sie schufen physischen Reichtum, waren aber abwesend. Ich wurde von Tutoren und Dienern aufgezogen . . . Ich beneidete arme Menschen. Sie können einander nah sein. Als Kind habe ich viel Zeit bei Armen verbracht.

Ich war mit einer großen, schlanken, schönen, kalten Frau verheiratet. Sie weiß, wie man ein Reich regiert, ist aber nicht in Verbindung mit ihren niedrigeren Chakren. Nur mit der Macht. Sie weiß, wie man Machtmanipulationen vollzieht. Sie ist ganz in Schwarz angezogen. Ich trage nur Weiß. Es ist eine Geschäftspartnerschaft. Unsere Eltern haben uns ausgewählt. Es geht um Macht. Um Eigentum an einer Menge von Dingen. Aber ein Mangel an Liebe. Keine Lebensenergie an diesem Ort. Ich habe mich psychischen Kräften zugewandt. Das ist interessant, weil es dabei um noch mehr Macht geht. Einfaches Eigentum an Dingen ist nicht bedeutungsvoll.

Aber ich konnte dennoch nicht bekommen, was ich wollte . . . eine liebevolle Beziehung. Ich kann Macht spüren und habe eine gue Fähigkeit, Dinge zu bewegen, ohne sie zu berühren. Zum Beispiel große Granitblöcke. Ich realisiere, daß alle psychischen Dinge eine Manifestation von Licht sind. Man kann sie in Licht verwandeln und sie dann bewegen.

Nichts ist wirklich, also kann man tun, was man möchte. Lebende Dinge sind wirklich. Das war es, was ich zu lehren versuchte. Sie könnten ihren Körper verlieren und dennoch leben.

Es gibt eine Suche nach Liebe, die ich glaubte durch Macht zu erreichen. . . . Ich dachte, es sei etwas, das ich wie Licht kontrollieren könnte.

*

Wie schon zuvor erwähnt, handelt es sich hier nur um einige wenige Auszüge aus Sitzungsprotokollen. Sie können keineswegs als »typisch« oder beispielhaft für die Sitzungen gelten, da jede Sitzung anders abläuft und die Lebensthematik, bzw. die aktuellen Probleme für jeden Menschen anders sein mögen. Es geht bei den Sitzungen um die Entfaltung von Bewußtseinsvorgängen, es geht um individuell unterschiedliche Zugänge zu einem höheren Sein.

4.

Entfaltung unseres höheren Seins

Bewußtseinsvorgänge entfalten sich nicht notwendigerweise in linearen Prozessen, sondern vielmehr holographisch, auf mehreren Ebenen gleichzeitig. Im Laufe der Zeit stellte ich fest, daß wir im wesentlichen vier Körper, nicht nur einen, besitzen. Da ist zunächst natürlich der physische Körper, dann der Mentalkörper, weiter der Emotionalkörper und schließlich der spirituelle Körper.

Während meiner Arbeit in Lateinamerika arbeitete ich hauptsächlich auf der Ebene des physischen Körpers. Dabei faszinierte mich die Tatsache, daß der physische Körper die Geschichte des spirituellen Körpers erzählt. Der physische Körper trägt in sich wie eingeprägt die Information, wer wir auf den höchsten ätherischen Ebenen sind. Ich fand zum Beispiel während meiner Tätigkeit in Krankenstationen heraus, daß, wenn man jemandes Körper hier oder dort massierte oder drückte, dem Betreffenden irgend etwas aus der Vergangenheit, ein früheres Erlebnis oder eine Erfahrung einfiel. Kinder begannen zum Beispiel, über frühere Lebenszeiten zu sprechen, über andere Körper, die sie besessen hatten, sie berichteten von sehr greifbaren, körperlichen Gefühlen und Reaktionen in diesen Körpern einer anderen Lebenszeit. All dies regte mich dazu an, die Möglichkeiten einer tiefgreifenden Körperarbeit zu erforschen.

Ich erlernte Bindegewebsmassage, und als ich nach Neumexiko zurückkehrte, begann ich am »College of Natural Medicine« hier in Santa Fé esoterische Massage zu unterrichten. In jener Zeit wurde hier am College auch eine Schule für Akupunktur begründet. Da nun viele meiner Klienten sagten, daß sie Akupunkturpunkte und -meridiane aktiviert fühlten, wenn ich mit ihnen Körperarbeit durchführte, beschloß ich, mehr über Akupunktur zu erfahren und nahm also ein neues Studienfach auf. Bald kam die Zeit, daß ich selber Nadeln in Körper hineinstecken sollte.

Nun hatte ich schon während der Arbeit im Peace Corps, aber auch in Kliniken für gesunde Kleinkinder in den USA oft gespürt, daß es zwischen dem Arzt und dem Patienten ein Ungleichgewicht gibt. Der Arzt hält alle Kraft und alle Autorität, während der Patient wie ein Tier einfach sein Leben übergeben soll. Man hatte nie die Patienten gefragt, was sie von ihrer Krankheit hielten, was sie meinten oder wollten, und ich hielt es immer für falsch, andere Menschen ihrer Kraft zu berauben. Als also die Zeit kam, selber Nadeln in Menschen hineinzustecken, wollte ich dies nicht tun. Es schien mir in keiner Weise besser oder anders als die übliche allopathische Medizin; diese Art von Akupunktur war für mich wie die übliche westliche Medizin. Ich sollte plötzlich die Autorität sein, die über Nadeln verfügt, sie in andere Menschen hineinsteckt und ihnen dadurch ihre eigene Kraft raubt.

In Lateinamerika wurde ich gezwungen zu erkennen, daß jeder Mensch unmittelbar selbst dafür verantwortlich ist, was ihm geschieht, besonders auf der körperlichen Ebene. Anders gesagt: wir suchen uns unsere Krankheiten selber aus, wir bestimmen selbst unsere Körperkonstitution, wir wünschen uns unsere körperlichen Erfahrungen selbst herbei. Und nun sollte ich meine eigenen Erfahrungen widerlegen, gegen meine eigenen Gefühle handeln und als von außen kommende Autorität anderen Menschen ihre Kraft fortnehmen?

Ich entschied, daß ich von Akupunktur genug hatte. Ich hatte die Prinzipien der Meridiane und der Energieströme im Körper zu verstehen gelernt. Das war für meine andere Körperarbeit hilfreich – mehr wollte ich nicht. An dem Tag, an dem ich diesen Entschluß gefaßt hatte, passierte etwas Bemerkenswertes. Da ich nun einmal nicht mehr mit Akupunktur weitermachen wollte, war ich auch nicht ganz bei der Sache. Plötzlich begann der Lehrer aus heiterem Himmel über »Fenster zum Himmel« zu sprechen. Nie zuvor hatte er über solche »Fenster« gesprochen, und es stand auch an diesem Tag nicht im Stundenplan. Der Ausdruck »Fenster zum Himmel« genügte, daß mein ganzer Körper wie von einem Elektroschock durchzuckt wurde, daß sich meine Nackenhaare aufrichteten und ich mit gespannter Aufmerksamkeit zuhörte und ihn nach diesen Punkten weiter ausfragte. Der Lehrer erklärte, daß dies esoterische Punkte seien, die seit Jahrhunderten und Jahrtausenden geheimgehalten waren. Sie seien nur benutzt worden, um der weltlichen und geistlichen Elite zu helfen, sich mit ihren inneren Ebenen in Verbindung zu setzen. Diese »Fenster zum Himmel« seien Verbindungspunkte zu höheren Oktaven der Erkenntnis und der Macht, die nichts mit der sonst üblichen Aufgabe anderer Akupunkturpunkte, nämlich einen Ausgleich von Energien im Körper herzustellen, zu tun hätten.

Ich sprach nach der Stunde noch sehr intensiv mit dem Lehrer, und auch er wußte sich nicht zu erklären, warum er, einem inneren Impuls folgend, aus heiterem Himmel über dieses Thema gesprochen hatte. Bei mir löste die Information, daß es solche esoterischen Punkte gäbe, in den folgenden Tagen und Nächten eine Vielzahl spontaner »Erinnerungen« aus; Bilder, in denen ich mich selbst in anderen Zeiten und anderen Kulturräumen sah, wie ich diese »Fenster zum Himmel« erforschte, mit ihnen arbeitete und sie an andere Menschen weitergab. Es stellte sich mir sogar so dar, daß ich selbst diejenige war, die ursprünglich das entscheidende Wissen um die »Fenster zum Himmel« anderen Menschen in dieser irdischen Sphäre überhaupt erst zugänglich gemacht hatte.

Von da an begann ich, Akupunktur in einem anderen Lichte zu sehen. Ich studierte und experimentierte, bis zu 15 Stunden am Tag, um meine »Erinnerung« jeweils wie in einem Brennpunkt zu kristallisieren, der auf immer neue esoterische Punkte gerichtet wurde, um ihre Möglichkeiten, ihre Nutzanwendung und die Zusammenhänge mit den anderen Punkten zu erforschen. Der »Himmel« steht, wie auch der chinesische Akupunkturlehrer ausführte, für eine spirituelle Dimension ins uns selbst, für einen großen weiten Bereich einer Wirklichkeit, die genauso zu uns gehört wie das tägliche Leben, obwohl wir diese Bewußtseinsdimensionen gemeinhin noch nicht kennengelernt haben.

Diese Zeit brachte das Verständnis für die Grundlagen, die jetzt unsere Arbeit im Light-Institute in Galisteo bestimmen. Es ging um die Entwicklung von Mechanismen, um immer wieder neue Teilaspekte im multidimensionalen Hologramm, das der Mensch ist, auszulösen, sozusagen dem Alltagsverstand sichtbar zu machen. Und in dieser Zeit gewann ich auch ein noch klareres Verständnis unserer Körper, auch der subtilen Körper, die unser Alltagsleben fast unmerklich, aber dennoch nachhaltig mitbestimmen.

Da ist zunächst einmal der physische Körper, auf den wir uns leicht konzentrieren können. Dann gibt es den Mentalkörper, von dem wir im Rahmen unseres begrenzten Verstandes und infolge des nur begrenzt genutzten Gemüts und Gehirns nur ein kleines »Scheibchen« wahrnehmen. Den nicht genutzten Teil des Mentalkörpers nenne ich das höhere Gemüt oder den höheren Verstand. Es geht dabei um eine holographische Fähigkeit, Informationen und Daten aus vielerlei Dimensionen gleichzeitig zu erkennen und aufzunehmen – und es ist tatsächlich das Geburtsrecht jedes Menschen, sich die solchermaßen potentiell angelegte Fähigkeit auch wirklich zunutze zu machen. Diese Fähigkeit scheint mir Teil dessen zu sein, was Jung das »kollektive Unbewußte« nannte. Diese höheren Funktionen des Gehirns sollten wir nicht zögern anzuzapfen. Dann gibt es den spirituellen Körper, der den höchst-ätherischen Aspekt unseres Wesens darstellt. Er ist die Essenz unseres göttlichen Selbst, die Quelle unseres Seins, der Entwurf unseres Lebensplans, der uns aus dem formlosen Zustand rein geistiger Energie in die Form der Materie, in das Reich unserer physischen Körper drängt. Und schließlich gibt es den faszinierendsten aller Körper, den Emotionalkörper. Im Laufe der Zeiten sind unsere physischen Körper stärker geworden, wir leben länger, wir sind gesünder als je zuvor in der Geschichte der Menschheit. Unsere Mentalkörper entwickeln sich weiter, wir schreiten voran in der Erforschung von Innen- und Außenwelten, unser intellektuelles Wissen erweitert sich, was soweit geht, daß wir uns zum Schaden unserer Ganzheitlichkeit fast ganz in unseren Mentalkörpern isoliert haben: Mit anderen Worten: wir nehmen eher von der Ebene des Verstandes her als vom Herzen oder aus anderen Oktaven her wahr. Und selbst unsere spirituellen Körper erwachen. Wir dürsten danach, mehr von dem zu erkennen, was formlos ist, was sich nicht manifestiert hat, was nicht greifbar erscheint, und dessen Existenz wir dennoch irgendwie ahnen. Der Emotionalkörper indes ist jener Körper, der in dieser großartigen Evolution des Menschen, des »Zweibeiners«, wie ihn die Indianer nennen, entscheidend zurückgeblieben ist. Und dieser Emotionalkörper ist dabei ein höchst kompliziertes und erstaunliches Wesen, das uns sozusagen innewohnt und als eine Brücke zu den anderen Körpern dient.

Unser Mentalkörper beherrscht den physischen Körper. Durch Forschungsarbeiten in den letzten 20 Jahren haben wir entdeckt, daß Gemüt und Verstand den physischen Körper kontrollieren können. Manche Menschen können willentlich ihren Herzschlag verlangsamen, andere können die biochemischen Abläufe im Körper beeinflussen – so fing die Untersuchung der Biofeedback-Phänomene an. Es gibt inzwischen eine Vielzahl bestätigter Daten, die nachweisen, daß sowohl physiologische und unbewußte Funktionen des Körpers wie sogar sehr physische Funktionen auf diese Weise beeinflußt und beherrscht werden können. Wir haben damit übrigens auch einen Hinweis auf Möglichkeiten, wie wir Krankheiten wie Krebs mit solchen Biofeedback-Techniken positiv beeinflussen könnten.

Allerdings: Gemüt und Verstand kontrollieren nicht den Emotionalkörper! Der Emotionalkörper hingegen kontrolliert unsere Existenz auf allen Bewußtseinsebenen auf diesem Planeten, und er ist in der bewußten Entwicklung zurückgeblieben. So kann man zum Beispiel dem eigenen Emotionalkörper den Auftrag geben: »Ich will mich nicht mehr ärgern«, und dennoch wird man das Wesen des Ärgers in sich erfahren. Natürlich können wir mit eingeübten Verhaltensweisen den Ärger kaschieren, so daß er nicht nach außen sichtbar wird, so daß wir nicht unter seiner Fuchtel leben – aber immer, wenn wir ihn auf diese Weise zurückdrängen, wird er irgendwann, irgendwo auf andere Weise hervorbrechen. Das kann dann zum Beispiel in Form einer Krankheit sein.

Die Entwicklung des Emotionalkörpers ist deshalb so weit zurückgeblieben, weil er ein Aspekt unserer selbst ist, der nicht dem Bereich von Zeit und Raum angehört. Wenn wir unseren physischen Körper verlieren, bleibt unser Emotionalkörper dennoch intakt und sucht sich lediglich eine Verbindung zum genetischen Code, zum DNS eines nächsten Körpers, den wir dann bewohnen und durch den dann der Emotionalkörper weiter wirken kann. Und der »alte« Emotionalkörper bringt in den »neuen« physischen Körper all jene Wahrnehmungen, Erfahrungen, Reaktionsweisen und Anschauungen der Wirklichkeit ein, die er in anderen Körpern, in anderen Zeiten gewonnen hat. Damit ist er nicht der eindimensionalen Illusion einer Lebenszeit und eines Lebensraums unterworfen.

Es ist wichtig, sich damit zu beschäftigen, weil dies mit der Funktionsweise unserer materiellen Ebene zu tun hat. Wir haben hier zunächst den Entwurf des Spiritualkörpers, der besagt: »Ich will mich in physischer Form verkörpern, um Erfahrungen zu sammeln, um die Seele sich entwickeln zu lassen, und deshalb werde ich Erfahrungen schaffen.«

Wenn wir uns nun tatsächlich in den Bereich verschiedener Erfahrungen hineinbegeben, passiert etwas sehr Bemerkenswertes. Die einzelnen Erfahrungen, zum Beispiel eine große Angst, die wir in einer bestimmten Situation erleben, werden auf biochemische und elektromagnetische Weise in uns gespeichert, wir kommen nicht mehr ohne weiteres davon los. Diese Angst schafft eine astrale Ladung, die im Aurafeld von Menschen – zum Beispiel während Körperarbeit – direkt greifbar werden kann. Die meisten von uns haben sicherlich selbst schon ähnliche Erfahrungen gemacht, auch ohne Aura und Astralenergien als solche zu erfassen. So ist uns zum Beispiel durchaus geläufig, daß Menschen nach traumatischen Erlebnissen, zum Beispiel mit einer Schlange oder einem Feuer oder einer aggressionsgeladenen Auseinandersetzung, ein ungutes Gefühl in der Magengegend bekommen oder zu schwitzen anfangen, wenn ihnen eine ähnliche Situation, die sie unbewußt an ihr früher erlittenes Trauma erinnert, wieder zustößt.

Diese astrale Ladung nun, diese Energieform, ist erfüllt von den Gedanken, den Gefühlen, der Schuld, den Urteilen, die Angst, Sorge, Aufgeregtheit mit sich bringen. Und all dies wirkt wie ein feines Netz, das spürbar wird, ohne daß es direkt in Zeit und Raum bestimmbar ist. Es wirkt wie eine unbewußte Energie, die, immer wenn sie ausgelöst wird, Gefühle von Angst, Sorge und Aufgeregtheit mit sich bringt.

Um ein besonders schwieriges und vielleicht auch umstrittenes Beispiel zu nennen: Was passiert, wenn wir einen anderen Menschen töten? Es verstößt gegen das kosmische Gesetz zu töten, aber dennoch tun wir es – vielleicht um bestimmte Erfahrungen, um bestimmte Erkenntnisse über Leben und Tod zu erlangen. Zu unserer schöpferischen Entwicklung gehört, daß wir die immerwährenden Zyklen von Leben und Tod verstehen lernen, daß wir verstehen, daß auch der Tod nur ein Durchgang ist. Wir nehmen also einem anderen Menschen das Leben, oder wir töten uns selbst. Das von uns selbst stammende Urteil über diese Tat, der Eindruck, den diese Erfahrung hinterläßt, ist so tiefgreifend und umwerfend, daß wir ihn fast nie mit dem Lebensentwurf der Seele in Übereinstimmung bringen können, die sagt: »Auch dies ist in Ordnung, es dient nur um zu lernen, der getötete Mensch ist nicht das Opfer, der tötende Mensch ist nicht der Täter, sondern beide sind in diese Lebensform gekommen, um am ›Tanz‹, um am ›Experiemnt‹ des Lebens teilzunehmen.«

Wir werden dies aber nicht so sehen, sondern biochemisch und elektromagnetisch wie elektrisiert sein. Und diesen Zustand der sozusagen elektrisierten Irritation nehmen wir von einem in den anderen Körper mit. Diese astral gespeicherte Ladung wird Teil der Matrix des Emotionalkörpers. Wenn wir nun mit einem bestimmten Lebensplan in ein neues Leben kommen, das gewisse Erfahrungen vorsieht, wird der Emotionalkörper auf Grund der in ihm gespeicherten Astralenergie immer wieder jenes Repertoire an Gefühlsreaktionen hervorbringen, die in anderen Leben geschaffen wurden. Der Emotionalkörper ist sich nicht dessen bewußt, daß inzwischen Zeit vergangen ist. Durch seine astrale Energie zieht er sozusagen magnetisch Menschen und Umstände an, die es ihm erlauben, genau jene Erfahrungen zu bestätigen, die er von Anfang an in seinem Repertoire gespeichert hat.

Diesen Kreislauf, diese Tretmühle zu durchbrechen ist fast unmöglich. Denn der Emotionalkörper ist mit dem Körpergefährt durch das Solarplexus-Zentrum verknüpft. Dieses Solarplexus-Zentrum oder -Chakra stimuliert den Sympathikus im vegetativen Nervensystem, der nach dem System von »Kampf oder Flucht« arbeitet. Damit werden ständig neue Impulse in die Biochemie des Gehirns gesandt. Wenn man zum Beispiel eine Situation erlebt, die einem sehr viel Angst macht, stimuliert das die Ganglien des Solarplexus', woraufhin eine Veränderung der chemischen Zusammensetzung des Blutes im Gehirn einsetzt. Dies wiederum bewirkt eine Art elektrischer Reizung, nach der unser Emotionalkörper und unser physischer Körper mit der Zeit wie süchtig werden, sie werden von dieser Art der elektrischen Reizung abhängig. Und, unserem bewußten Gemüt und Verstand natürlich unbewußt, suchen sie solche Menschen oder Umstände, durch die sie jene Angst oder was immer es war, das diese elektrische Reizung verursacht hat, wieder »aufführen«, also aktiv erleben können. Und das spielt sich mit der Zeit so unmerklich ab, daß wir es nicht mehr wahrnehmen.

Kleinkinder hingegen zeigen, da sie sehr sensibel sind, oft Reflexe, wenn sie Aggressionen wahrnehmen – zum Beispiel, daß wir unbewußt unsere Stimme ein wenig erheben oder daß wir uns in unserer Körpersprache anders ausdrücken. Sie erfassen unmittelbar und intuitiv, wenn sie einen Bezugsrahmen, ein Repertoire für Angst oder Zorn oder andere, niedriger und langsam schwingender Gefühle besitzen, welche Energie sich durch unsere Stimme bzw. durch unsere Körpersprache ausdrückt. Und die Kleinkinder beginnen dann, sich auf solche Energien und die Gefühlsreaktionen, die in ihnen selbst dadurch ausgelöst werden, einzustellen und sie immer wieder aufs neue zu suchen. Selbst wenn man sich nun nicht mit dem Konzept der Reinkarnation anfreunden kann, reicht es, Kleinkinder in solchen Situationen zu beobachten, um festzustellen, daß sie Eindrücke erfahren, die so weit verstärkt werden, bis sie quasi zur zweiten Natur werden. Dieser Vorgang der bewußten oder unbewußten Beeinflussung ist uns natürlich noch geläufiger an Hand von Mahnungen und Warnungen der Erwachsenen, die ihren Kindern sagen: »Dies ist gefährlich; das ist gut; davor habe ich Angst; sieh dich vor jenem vor.«

Und diese Eindrücke bleiben derart haften und beeinflussen das Ego vom Zeitpunkt unserer Geburt an auf solch nachhaltige Weise, daß sie geradezu Teil der physiologischen Funktionen des Körpers werden. Selbst außerhalb des entsprechenden Rahmens von Zeit und Raum wiederholen wir diese Reaktionsweisen: So können wir häufig 40jährige oder sogar 60jährige Menschen beobachten, die sich immer noch so verhalten, als ob sie als Zweijährige ihren Eltern antworteten. Diese unwillkürlich ablaufenden Vorgänge werden durch die astralen Energien im Emotionalkörper hervorgerufen. Die Astralebene ist wie ein Spiegelbild der physischen Ebene. Sie bietet dem Emotionalkörper eine subtile Struktur, in der dieser wirkt. Wenn wir, wie ich es zum Beispiel als Kind erlebte, Erfahrungen außerhalb des Körpers haben, sehen wir uns dort als ein Duplikat unseres physischen Körpers. Dieses Duplikat »reist« hauptsächlich mittels einer Art Infrarotenergie und erfaßt die dortige Wirklichkeit nach wie vor im Rahmen gefühlsbedingter Einschätzungen.

Die Seele hingegen ist jene göttliche Quelle in uns, die ohne irgendeine Form ist. Unser spiritueller Körper ist ein »Echo« jener Seele. Wenn ich über den spirituellen Körper spreche, so meine ich üblicherweise eine Wesenheit, welche die Seele beherbergt, obwohl die Seele selbst keine Form annimmt.

In diesem Zusammenhang der Hinweis, daß »Geister« nicht mit Seele oder spirituellem Körper verwechselt werden sollten. Es gibt auch Geistwesen, die durch astrale Dimensionen schweben, die auf Grund ihrer emotionalen Bindungen an bestimmte Orte gebannt sind, die sich für eine lange Zeit nur als astrale Energie ausdrücken können.

Mein geistiger Hintergrund war zunächst von der Psychologie bestimmt, ich machte dann die Bekanntschaft mit der Mythologie des Menschen, schritt danach voran zur Arbeit mit dem physischen Körper. Und dabei entdeckte ich, daß der Mentalkörper des Menschen nicht den Emotionalkörper kontrollieren konnte. Ich entdeckte, daß wir natürlich Masken aufsetzen, daß wir unseren Emotionalkörper kaschieren konnten, aber wir konnten ihn nicht verändern. Wir konnten wohl unsere Verhaltensmuster beeinflussen, fühlten uns aber dennoch auf anderen Ebenen den alten Gefühlsmustern unterworfen.

Ich beobachtete, daß Menschen wie in einer Tretmühle immer wieder dieselben Erfahrungen suchten. Wenn zum Beispiel eine Frau eine besondere Beziehung zu ihrem Vater erlebt hatte, würde sie sich einen Mann suchen, der ähnliche Charaktermerkmale und Verhaltensweisen an den Tag legte. Nach einer gewissen Zeit würde sie bemerken, daß sie wieder in einem altbekannten Beziehungsproblem steckte, sich scheiden lassen und einen neuen Mann heiraten. Nach kurzer Zeit würde sie entdecken, daß sie wieder mit denselben Schwierigkeiten konfrontiert war, wenn vielleicht auch in einem anderen Gewand.

Es fiel mir also auf, daß der Mensch beim besten Willen keine Möglichkeit hat, durch eine bewußte Gemüts- oder Verstandesentscheidung die Reaktionsweise seines Emotionalkörpers zu verändern. Aus meinen Erfahrungen in Lateinamerika wußte ich aber, daß durch die bewußte Verbindung mit spirituellen Energien Einfluß auf den Emotionalkörper genommen werden kann. Man muß feststellen, daß im allgemeinen bis zu diesem Zeitpunkt die Geschichte dieses Planeten davon bestimmt war, daß wir ihn als Ort der physischen Entwicklung, als »Laboratorium« für »Fortschrittsexperimente« benutzen. Wir haben allgemein bislang nicht erkannt, daß dieser Planet aber auch Entwicklungsmöglichkeiten für unseren Emotionalkörper bietet, daß wir in ihm nicht nur Angst, Zorn, Trennung, Schuld etc. speichern können, die allesamt sehr niedrige Schwingungen darstellen. Wir haben bislang noch keinen Bezugsrahmen, kein Repertoire für Ekstase, Verzückung, Glückseligkeit. Für derlei Zustände besitzen wir in der Tat nur wenige Wörter, wir erleben solch hohe Gefühlsoktaven nicht, wir sprechen zwar über Glück und Entzücken, aber dies sind nur Vorstellungen, nur Konzepte – wir erleben sie nicht wirklich.

Ich würde sagen, daß wir in unserer Evolution des Emotionalkörpers bis jetzt diesen höheren Oktaven, diesen hoch und schnell vibrierenden Gefühlen im Orgasmus am nächsten kommen. Der orgiastische Zustand ist der Ekstase und der Verzückung wohl am ähnlichsten, soweit es die meisten Menschen im allgemeinen jemals erleben werden. Und wie lange nun können wir diese Erfahrung aufrecht erhalten, wie lange können wir in der Schwingungsfrequenz des Orgasmus' bleiben? Eine halbe Minute? Vielleicht, wenn man sehr gut dran ist, eine Minute? Und dann legen wir diese Frequenz wieder still, dann schließen wir uns wieder ab.

Wir werden elektrisch so aufgeladen, daß wir Angst haben, uns selbst zu verlieren. Wenn wir bewußt in dieser Frequenz bleiben könnten, würden wir unsere Unterschiedenheit, unsere Getrenntheit aufgeben. Da wir davor Angst haben, rauchen wir statt dessen eine Zigarette, drehen uns zur Seite und schlafen ein. Wir brechen die Erfahrung dieser Energie ab, weil wir ihre hohe und schnell schwingende Frequenz nicht aushalten. Wenn wir darin verbleiben könnten, würden wir ein Energiepotential erfahren, das uns sogar durch Wände gehen ließe. Vor vielen Jahren, als ich Menschen in anderen Bewußtseinszuständen beobachtete, dachte ich, daß wir eine neue Sprache bräuchten, um all diese Dinge auszudrücken. Später erkannte ich allerdings, daß es dafür noch zu früh ist, weil wir diese Schwingungen von Ekstase, Verzückung und Wonne noch gar nicht erleben; wir erdenken sie bestenfalls. Es gibt sogar nur sehr wenige Menschen, die wissen, wovon ich rede, wenn ich über ekstatische Zustände spreche. Außerhalb der orgiastischen, physiologischen Stimulanz, außerhalb des physischen Körpers, erleben Menschen manchmal durch Meditation ekstatische spirituelle Zustände, das ist aber wirklich sehr selten. Wir kennen einige Geschichten von Heiligen, die in Ekstase schwebten, die durch Wände gingen, in die jene unbegrenzte Erkenntnis ihrer selbst einbrach, die sie von der sonst herrschenden, langsamen Schwingung des Egos befreite. Und wenn sie in jenen Raum oder Zustand des Verschmelzens gerieten, des großen Einswerdens mit der universalen Energie – denn das bezeichnen die Worte Ekstase oder Verzückung oder Glückseligkeit – dann erreichten sie ein Bewußtsein, in dem die Trennung durch den Körper verschwand.

Wir haben aber so etwas in unserem Alltagsleben allgemein noch nicht erfahren. Es stellt eine Herausforderung für uns dar, es ist unsere Bestimmung, es ist Zweck des Lebens und unser Schicksal, jetzt zu lernen, die Brücke zu jenen Dimensionen zu schlagen. Wir müssen den Emotionalkörper zu einer neuen Oktave hinauf entwickeln, da der Emotionalkörper aber Zeit und Raum nicht kennt und laufend seine alten Muster lebt, an die er gewöhnt ist, wie kann man dies erreichen? Wie kann man, ganz praktisch, diese Aufgabe erfüllen?

Ich fand heraus, daß Veränderungen im Emotionalkörper, die bewirken, daß man Angst, Ärger, und all die anderen eingefahrenen Gefühlsreaktionen losläßt, nur durch Erfahrungen auf spirituellen Ebenen bewirkt werden können. Wenn ein Mensch in direkte Berührung kommt mit seinem göttlichen Selbst, wenn man Verbindung aufnimmt mit dem höheren Selbst, dann bewirkt dies eine Beschleunigung der Schwingungsfrequenz des Emotionalkörpers und damit eine Loslösung von jenen anderen belastenden niedrigeren Energien. Wenn man sich bewußt dem spirituellen Körper öffnet, wenn man zuläßt, daß aus der spirituellen Dimension Erfahrungen gewonnen werden, dann löst dieser Vorgang in allen anderen Körpern eine Veränderung der Stimmungen, Einsichten, Gefühle und Reaktionsweisen aus.

Die Arbeit mit den Akupunkturpunkten, die »Fenster zum Himmel« genannt werden, brachte erste konkrete Ergebnisse hervor. Diese spirituell wirksamen Punkte erlauben es, das noch nicht Manifestierte, das Formlose in die Schöpfung hereinzunehmen, es »hereinregnen« zu lassen, es zu manifestieren. Der formlose spirituelle Körper kann sich so bewußt mit dem physischen Körper und dem Emotionalkörper verbinden. Wenn dies geschieht, ereignet sich eine solch gewaltige Energieexplosion, eine derart umfassende Beschleunigung der Schwingungen, daß damit eine Frequenzänderung einhergeht. Es ist übrigens dieselbe Energie, die im Augenblick der Empfängnis wirksam wird, wenn das, was nicht war, ins Sein kommt. Wenn sich das Nicht-manifeste in einer Manifestation niederschlägt, wenn das Formlose Gestalt annimmt, so ist es dieser Vorgang und dieser Vorgang allein, der den Emotionalkörper zu verändern vermag.

Anders ausgedrückt: Der Emotionalkörper erhält durch diesen Prozeß einen neuen Bezugsrahmen, er erkennt ein neues Modell, eine neue Wirklichkeit, an der er sich ausrichten kann – und wenn das erfolgt, wenn der Emotionalkörper diese neue Wirklichkeit wahrnimmt und sich darauf einstellt, dann wird er unwiderruflich für immer verändert. So fing meine Arbeit an. Ich löste diese Reaktionen, diese Resonanz, bei meinen Klienten aus. Sie gingen in veränderte Bewußtseinszustände ein, sie erfuhren belebende Gefühlsmuster, so daß sie vergaßen, daß sie krank waren, daß ihr Körper schmerzte, daß sie sich selbst haßten oder daß sie sich vergeblich um irgend etwas bemühten. Sie vergaßen ihre Isolation und erlebten diese wundervollen Realitäten, die sie veränderten, die ihren Emotionalkörpern eine neue Frequenz einprägten, die sie auch später immer wieder zu verwirklichen suchten.

Ein gewisses Verständnis des Emotionalkörpers ist wirklich die Grundlage meiner Arbeit. Wenn wir einmal beginnen, den Emotionalkörper als ein Instrument der Wandlung zu erfahren, wenn wir ihn als eine lebendige Wesenheit erleben und nicht nur als eine Ansammlung von Gefühlen – denn die äußeren Gefühle sind tatsächlich nur die Spitze des Eisberges dessen, was der Emotionalkörper ist –, dann gewinnen wir einen besseren Zugang zu seiner Veränderung. Erst wenn wir ihn so erfahren haben, können wir uns vorstellen, daß wir ihn auch verändern können. Erst wenn wir bewußt Einblick erhalten in das Repertoire seiner bislang festgelegten Reaktionsweisen, in die Gedankenformen auf der astralen

Ebene, in andere Lebensformen, durch die sich unser Emotionalkörper zuvor ausgedrückt hat, können wir innerlich bis in die letzten Zellen hinein den Entschluß und die notwendige Zuversicht schaffen, ihn neu zu »programmieren«. Der Umgang mit dem Emotionalkörper ist also eine Bedingung für Fortschritt bei unserer Arbeit.

Ich lernte, diesen Emotionalkörper zu ertasten, zu massieren, zu liebkosen, ihn zu umarmen, ihn zu identifizieren – diesen Emotionalkörper, der normalerweise nicht wahrgenommen wird, der gemeinhin verdrängt wird, der unser Unbewußtes darstellt. Wenn wir unser Unbewußtes umsorgen und liebkosen, geschieht etwas sehr Profundes: ein ekstatisches, explosives Erwachen, eine Wandlung unseres ganzen Seins. Und dies kann nur, wie gesagt, durch die Verbindung mit dem spirituellen Körper geschehen.

In unseren Sitzungen machen wir es also den Klienten möglich, in Berührung mit ihrem eigenen Emotionalkörper zu kommen. Sie sehen sich in die Lage versetzt, ihn zu erkennen, mit ihm Verbindung aufzunehmen, ihn zu massieren, ihm positiv zu begegnen. Danach können wir in unser Unbewußtes eintreten, wir können in die Dunkelheit hineingehen und ganze Welten des Wissens, der Erfahrung und der Wirklichkeiten finden, die für uns Sinn, Zweck und Bedeutung haben.

Das ist das große Abenteuer jedes Lebewesens: wir als menschliche Wesen sind privilegiert, in dieses Unbewußte einzutreten, über die Brücke zu schreiten, die uns zu den Zeiten vor unserer Geburt zurückführt, zurück vor den Zeitpunkt, in dem das formlose Materielle Gestalt annahm, und so können wir jenen Grundstoff erfassen, der geformt werden kann, der erlöst, verfeinert und geschmiedet werden kann, um ein ganzheitliches Sein zu erlangen: um uns also selbst als jene multidimensionale holographische Wesen zu erfahren, die wir wirklich sind.

In unserer ersten Sitzung helfen wir den Menschen, diese Funktionen zu verstehen, wir zeigen, wie im Zentrum des Solarplexus' Erfahrungen gewonnen werden können, wir sprechen über die Verankerung des Emotionalkörpers an diesem Ort, wir führen den Menschen geradewegs hinein in das Unbewußte und machen es ihm möglich, die dort für ihn wichtigen Inhalte zu »pflücken«. Zunächst beschreiben wir also den Emotionalkörper, danach lassen wir den Klienten selbst erste Erfahrungen mit der nicht vom Verstand kontrollierbaren Existenz des Emotionalkörpers und seiner tief in uns verankerten Gefühlsreaktionen machen. Bei diesem Vorgang wird einiges der emotionalen Mechanismen und Funktionen klar; Energien, die den Emotionalkörper bestimmen, werden spürbar.

All dies geschieht in einer Art des Zugangs, der auf Freude, auf Licht und Loslassen von Belastungen ausgerichtet ist, so daß die Menschen sich bereits von einem Großteil emotionaler Tretmühlen, Schuldgefühlen, negativer Urteile und so fort freimachen können – so daß sie sich selbst in einem neuen Licht von Liebe begegnen.

Die Arbeit am Emotionalkörper bringt es manchmal auch mit sich, daß wir uns unwillkürlich spirituellen Dimensionen öffnen und von dort her eine Energie einbricht, die ein Vorbote der bewußten Führung durch das höhere Selbst ist. Letztlich ist dies ja die Absicht unserer Arbeit: die bewußte Führung durch unser höheres Selbst. Wenn immer wir uns fragen: »Wie könnte mein höheres Selbst aussehen?«, gehen wir in unserer Suche in derselben Weise vor, als ob wir uns Gott vorstellen. Wir haben solch lineare Vorstellungsmuster, daß wir in diesem Zusammenhang immer an eine Form denken, an eine menschliche Gestalt, da wir uns selbst vom Standpunkt unserer Persönlichkeit her als »Personen« identifizieren. Diese Einschätzung ist natürlich nicht die ganze Wahrheit, weil in unserer menschlichen Gestalt nur ein Teil unseres vielschichtigen Seins ausgedrückt wird.

Es ist eine wundervolle Erfahrung für die Klienten, wenn sie zu erfassen beginnen, daß ihr höheres Selbst kein bestimmtes Wesen ist, daß es keine festgelegte menschliche Gestalt hat, sondern daß es vielmehr ein »Megaphon der Seele« darstellt. Das höhere Selbst ist der Botschafter, der von innen heraus an die Peripherie kommt, er stellt das Formlose dar, das sich innerhalb eines Bezugsrahmens von

Formen manifestiert, so daß wir es als eben diesen Botschafter erkennen können. Es nimmt jene Formen an, die unser Gemüt und unser Verstand identifizieren kann. Wir erkennen es in bestimmten Formen oder Farben, die sich von Mal zu Mal oder auch innerhalb einer einzigen Sitzung verändern können. Wir mögen dann Verzückung und Beseligung in der Begegnung mit einem Würfel oder einer Wolke oder einem Berg oder einer Farbe erleben. Diese Bilder enthalten, wenn sie Aspekte des höheren Selbst darstellen, plötzlich eine Schwingung in sich, die das Herz erfüllt und unserem Emotionalkörper eine höhere Oktave der Erfahrung zugänglich macht, als er sie normalerweise kennt.

Da Bilder, Formen und Gestalten die Sprache unseres Unbewußten sind, beginnen wir im Verlauf der Sitzungen diese Sprache zu erlernen. Wir halten dann indes Formen und Gestalten nicht für endgültig festgelegte eindimensionale Realitäten, sondern verstehen sie als vorübergehende Aspekte des höheren Selbst, das seine Erscheinungsformen wandelt, um jeweils andere Bereiche unseres Wesens anzusprechen. Es ist so, als ob wir immer wieder eine neue Facette unseres Selbst entdecken. Ob das höhere Selbst sich nun als eine Gestalt in einem Umhang darstellt oder als eine Figur in einem Anzug, als Dreieck, als Berg, als Welle, als Lichtstrahl oder was auch immer: jede seiner Erscheinungsformen löst bei uns die Erkenntnis eines weiteren Aspektes jenes Hologramms aus, das wir selbst sind.

Durch diese Erfahrungen beginnt sich unser Bewußtsein zu erweitern, durchbrechen wir die Beschränkungen der menschlichen Gestalt, befreien wir uns von den den Menschen eigenen Vorurteilen. Unsere Vorstellungen von Besitz und Durchsetzung des Egos und so fort, all diese restriktiven Gedankenformen, die unser vielschichtiges Sein in dessen Entfaltung behindern, fallen nach und nach fort. Durch die Begegnungen mit dem höheren Selbst, dadurch daß wir diese neue Sprache erlernen und diesen Dialog mit dem höheren Selbst führen, beginnen wir uns zu verändern. Unser Mentalkörper wandelt sich ebenso wie unser Emotionalkörper. Wir erfahren – wenn auch zunächst nur in den Sitzungen, in anderen Bewußtseinsebenen – daß neue, andere, bessere Verhaltensweisen und angenehmere, lichterfülltere Gefühle und Gedanken möglich sind! Die alten Egogesetze, die besagen: »Dagegen mußt du dich verteidigen, davor mußt du dich schützen, jenen mußt du ausstechen, diesem überlegen sein . . .«, beginnen sich aufzulösen, und wir erfahren andere, neue, umfassendere Gesetze, die auf dauerhaftere, wahrhaftigere Weise in einer größeren Wirklichkeit gültig sind.

Wenn wir also einmal die Verbindung zu unserem Emotionalkörper aufgenommen haben, wenn wir einmal wahrgenommen haben, wie alle unsere Erfahrungen durch den Emotionalkörper bestimmt werden und wir Aspekten unseres höheren Selbst begegneten, beginnt ein Prozeß der Entfaltung und Vertiefung, der nach und nach unser ganzes, unbegrenztes, multidimensionales Sein auf spektakuläre Weise enthüllt.

In den folgenden Sitzungen gehen wir dann zeitlich weiter zurück, wir schälen sozusagen mehr und mehr von den Schichten ab, die den Blick ins Innere behindern. Und während in der ersten Sitzung, in der Arbeit mit dem Emotionalkörper, sich normalerweise nur Erfahrungen aus dieser Lebenszeit einstellen, sehen wir uns in den darauffolgenden Sitzungen in andere Lebenszeiten, in andere Gesellschafts- und Kulturräume, in andere Dimensionen versetzt. Für mich ist es nicht wichtig, wenn jemand nicht an Reinkarnation glaubt. Ich bestehe in keiner Weise etwa auf einem Begriff wie »Rückführung« oder ähnlichen Bezeichnungen. Tatsache bleibt, daß, wie auch immer man die in sich aufsteigenden Bilder, Situationen und Erlebnisse einordnet, es sich immer um etwas handelt, das mit uns selbst zu tun hat. Unser höheres Selbst, mittels der Funktionsweise des Emotionalkörpers, wird uns auf wunderbare Abenteuer in andere Wirklichkeiten mitnehmen. Und in dem Maße, wie wir diese Vignetten erfahren, die irgendwo aus uns selbst aufsteigen, erkennen wir sie als für uns bedeutsam und real. Wir erkennen sie als real, weil wir automatisch erkennen, welche Bezüge diese Bilder zu unserem Alltagsleben hier und jetzt haben. Wir erkennen Familienmitglieder, Freunde, Bekannte, wir erkennen ähnliche oder gleiche Situationen wie jene, in denen wir uns jetzt befinden, wir erkennen gleiche Aufgabenstellungen, Lebensthemen und Herausforderungen.

Und da diese »inneren« Geschehnisse so bedeutungsvoll für unser jetziges Leben sind, verstummt die Stimme in uns, die sagt, »das kann nicht sein«, und wir erfahren eine neue Wahrheit. Wir hören auf, uns auf der Ebene des linearen Verstandes mit der Frage herumzuschlagen, ob dies nun ein vergangenes Leben ist oder nicht, diese intellektuelle Auseinandersetzung verliert an Bedeutung für uns, weil die Qualität der von uns erfahrenen Energie, die Qualität dieser inneren Schau, direkt etwas damit zu tun hat, wer wir jetzt und hier sind.

Ich habe noch nie erlebt, daß jemand in den Sitzungen Aspekte oder Vignetten einer Lebenszeit durchläuft, die nicht von tiefster Bedeutung für sein jetziges Leben waren. Oft passiert es, daß wir Gefährten unseres jetzigen Lebens in den Sitzungen in anderen Umständen so deutlich zu identifizieren vermögen, daß das daraus resultierende Verständnis für die Bedingungen unseres heute geführten Lebens sehr viel wichtiger ist als die Auseinandersetzung mit dem Phänomen der Reinkarnation. Die in den Sitzungen gewonnenen Erfahrungen nehmen wir in einer Weise in uns auf, daß dadurch unser Aurafeld beeinflußt wird, unsere unbewußt über Körpersprache, Sprechweise und psychische Einstellung in unsere Umwelt ausgesandten Botschaften, und das wiederum beeinflußt und verwandelt unser tägliches Leben.

Diese inneren Erfahrungen sind also in keiner Weise von dem abgeschieden, was wir im täglichen Leben zu bewältigen haben, und es trennt uns auch nicht von unseren Kindern, von unserer Familie, von den Menschen, die wir lieben, von unseren Chefs, unseren Kollegen, unserer Arbeit, kurz, von allem, was uns hier wichtig ist.

Danach arbeiten wir intensiver an den Themen, die diese Bewußtseinsvignetten uns verdeutlicht haben. Wir gewinnen ein Verständnis der Prinzipien, die in unserem Leben wirksam sind. Oft entdecken wir, daß wir Opfer und / oder Täter im Rahmen traumatischer Geschehnisse waren, wir aktivieren die Beschäftigung mit diesen Themen, um uns schließlich davon innerlich wirklich lösen zu können, um uns höheren Oktaven, die nicht von Antagonismen beherrscht werden, zu öffnen.

Die darauf folgenden Sitzungen nennen wir »Erwecken der Kundalini«. In diesen Sitzungen werden jene Themen aufgegriffen, und sie werden in Beziehung mit reinem Prana, reiner Lebensenergie gebracht. Das ist ein Vorgang, in dem man sich der »Fenster zum Himmel« bedient. Es ist dabei gleich, ob man Akupunkturnadeln benutzt oder nicht. Der spirituelle Körper beginnt mit dem Emotionalkörper zu verschmelzen. Damit wird der Emotionalkörper wie überflutet von einer Klarheit und Reinheit, die letzte emotionale Verhaftungen an Problemthemen quasi wegschwemmt. Wir beginnen, bewußt und klar unseren Lebensplan zu erkennen, wie er außerhalb der karmischen Tretmühle, außerhalb des uns scheinbar zwingenden Schicksals verwirklicht werden sollte. Wir beginnen jene Kraft zu manifestieren, mit der wir tatsächlich geboren wurden, und so ergibt sich eine Aufwärtsbewegung im System der Kraftzentren, deren Chakren, die unsere Schwingungsfrequenz beschleunigt, die uns auf unseren wahren Lebenspfad führt, zur Erfüllung unseres wahren Lebenssinns – befreit von den Voreingenommenheiten und Festlegungen durch ein scheinbar unveränderliches Schicksal.

Unsere Lebensarbeit besteht darin: herauszufinden, wer wir sind; die Kräfte kennenzulernen und zu benutzen, die es uns ermöglichen, unseren Lebensplan, mit dem wir geboren wurden, zu verwirklichen. Warum sind wir hier? Was tun wir in diesem Leben? Wurden wir nur geboren, um zu leben, zu kämpfen und zu sterben?

Nein, wir wurden geboren, um uns schöpferisch tätig zu offenbaren. Es gibt keine Probleme, es gibt nur Lösungen. Wir sind hierher als Teil einer Lösung gekommen. Jeder einzelne ist hierher mit einem Geschenk gekommen, das zu geben wir geboren wurden. Und jede einzelne Erfahrung während dieser Lebenszeit und all den anderen Leben haben uns wie Feuer geschmiedet, uns verfeinert und gestählt, damit wir zu einem bestimmten Zeitpunkt hervorbrechen und manifestieren, wer wir wirklich sind, warum wir diese Leben gewählt haben.

Das sind die Themen der Sitzungen, in denen die Kundalinikraft geweckt wird. Wir schreiten dann in diesen Sitzungen voran und beginnen unsere eigenen Kräfte zu erfahren, wir fühlen uns von innen her angeregt, dem Zweck unseres Lebens aktiv zuzustreben. Danach bewegen wir uns in sehr natürlicher und angenehmr Weise zu höheren Oktaven der Realität, in denen wir Informationen und intuitive Erkenntnisse erlangen. Ich habe diese Art von Sitzungen vor vielen Jahren »Channeling« (»Kanalisierung«) genannt. Wir brauchen aber ein anderes Wort dafür. Damit soll umschrieben werden, daß wir die alten eingefahrenen Denkspuren verlassen und im Gehirn neue Netze knüpfen, die unserem Bewußtsein erlauben, sich auszuweiten, frei zu strömen und mehr zu erkennen. Wir beginnen diese »Channeling«-Sitzungen damit, daß wir Bereiche im Gehirn stimulieren, die bislang unbenutzte Fähigkeiten des höheren Gemüts und des höheren Verstands aktivieren. Damit können wir Dimensionen der Erkenntnis anzapfen, die unserem linearen Verstand nicht zugänglich sind.

Wir erfahren in höchsten Oktaven, daß unser Körper niemals krank sein muß, daß wir über Feuer laufen können, daß es uns sogar gegeben ist, Tote wieder zum Leben zu erwecken. Wir erkennen, daß wir auf geistigen Ebenen in Verbindung mit anderen Wesen treten können, unmittelbar von ihnen lernen können, überall im ganzen Universum Lösungen für irgendein Problem finden. Wir erleben jenen spirituellen Aspekt, der Gott genannt wird, der Quelle der schöpferischen Energie ist. Und schließlich erfahren wir, wie der Emotionalkörper Ekstase, Verzückung und Freude erleben kann. Mit den »Channeling«-Sitzungen können wir also unser Bewußtsein, über die Lösung jetziger und früherer Probleme hinaus, weit in zukünftige Möglichkeiten der schöpferischen Erfüllung richten.

Auch dabei gilt, daß wir jedesmal, wenn wir auf der Ebene des Emotionalkörpers etwas von der spirituellen, kreativen Energie erfahren – wenn wir also einen Zustand der Gottbeseelten Verzückung erleben, und sei er noch so kurz – dies einen nachhaltigen positiven Einfluß ausübt in allen Lebensbereichen. Und wenn wir solche Erfahrungen machen, richtet sich unser Emotionalkörper danach aus, diese Erfahrung wenn immer möglich zu wiederholen. Wir beginnen festzustellen, daß wir Schönheit, künstlerisches Talent, liebevollen Umgang mit Menschen, wissenschaftliche Erkenntnisse, die Beseitigung von Schwierigkeiten und so fort wirklich selbst manifestieren können, wenn wir uns nur auf den schöpferischen Fluß einlassen. Und wenn wir uns in dieser Weise einmal ausgerichtet haben, wird sich dieser schöpferische Fluß automatisch verstärken und uns immer weiter tragen.

Was passiert also, wenn wir nach den Sitzungen im Light-Institute wieder in unser Alltagsleben zurückkehren? Bewußt und unbewußt ereignen sich eine Vielzahl von Veränderungen, wir selbst fühlen uns oft wie gewandelt, wir sind in der Lage, die Verbindung zu unserem höheren Selbst aufrecht zu erhalten, es auf immer wieder neue Art und Weise zu erkennen und mit dem höheren Selbst umzugehen, Vertrauen zu entwickeln, daß uns aus dieser Mitte heraus Kraft zufließt. Um das zu erreichen braucht man keine Akupunkturnadeln, man muß sich nicht in irgendwelche äußeren Abhängigkeiten begeben, dies ist das Geburtsrecht jedes menschlichen Wesens, das in keiner Weise »besonders« sein muß. Im Light-Institute helfen wir den Menschen lediglich, diese Mitte in sich selbst zu finden, sich darin zu stabilisieren und die Verbindung zum höheren Selbst zu stärken. Und immer wieder ergibt sich aus den Sitzungen, daß mit der Stärkung der eigenen Mitte die Einsicht wächst, daß wir uns durch unser Leben bewegen und selbst schaffen können, was wir wünschen.

In der Arbeit im Peace Corps gab es eine feststehende Redewendung: »Wenn du dich mit deiner Arbeit nicht selbst überflüssig machst, hast du versagt.«

Das bedeutet, daß man den Menschen immer die Kraft, etwas selbst zu schaffen, geben sollte. Anstatt also Akupunkturnadeln in Menschen hineinzustechen oder sie auf die Psychiatercouch zu legen oder ihnen irgendwelche Arzneien zu geben oder was sonst, mußte ein Weg gefunden werden, daß die Menschen ihre eigene schöpferische Kraft entdecken.

Das Grundprinzip der Arbeit im Peace Corps im Rahmen der kommunalen Entwicklung, den Menschen zu zeigen, daß sie sich selbst helfen können, ist dasselbe Prinzip, welches wir im Light-Institute befolgen: »Das Selbst mit seiner eigenen Kraft bekannt zu machen, dem Menschen die eigenen Kräfte zu zeigen, damit sie sich nicht länger mehr auf irgendeine außenliegende Quelle richten, wenn sie etwas brauchen – sei es in Beziehungen, sei es in der Arbeit, sei es irgendwo sonst. Die Antwort ist die immer wieder selbst gemachte Erfahrung, daß alles im Inneren dieses multidimensionalen Wesens ist, das Mensch genannt wird.«

5.

Zeit ist eine Illusion

Zeit – ein schier unerklärliches Phänomen, ein vermeintlich ewiges Rätsel. In den Sitzungen erleben wir die Qualität der Zeit in völlig neuer Weise, wir erfahren die Begrenzungen unserer Vorstellung von Zeit, und wie wir uns davon lösen können. In den Sitzungen erleben wir uns in einer Gegenwart, die immer weiter und größer wird. Je mehr wir erfahren, wer wir sind, je mehr wir uns entfalten, desto mehr begreifen wir, daß unsere Wirklichkeiten und die Art und Weise sie wahrzunehmen kein zeitliches Kontinuum kennen, daß es für uns keine unumstößliche chronologische Abfolge von Bewußtsein, also »bewußtem Sein« gibt. Wenn wir die Verbindung zu unserer Lebenskraft herstellen, durchbrechen wir die Zeitbarriere, weil die Lebenskraft, die Essenz, das Wesen unseres Lebens, jenseits von Zeit und Raum ist.

Ob wir uns nun als Kind erleben, ob wir Eindrücke aus früheren Leben erfahren oder uns sogar in anderen Dimensionen wiederfinden – ob es also um Sitzungen geht, in denen der Emotionalkörper das Thema ist, die Bewußtseinsentwicklung in früheren Zeiten und Lebensräumen, oder ob es um die Aufnahme von Wissen und Weisheit über zukünftige Entwicklungen geht –, entscheidend ist, daß die Energien hier und jetzt spürbar und wirksam werden. Entscheidend ist, daß wir in diesen Sitzungen auf Anhieb entdecken, daß Vergangenheit und Zukunft nichts von uns Getrenntes sind, daß wir aufhören, diese rein gedanklichen Konzepte als Mittel zu benutzen, unsere Wirklichkeit zu erfahren. Wir stellen fest, daß in einer Sitzung, in der frühere Leben auftauchen, die Energie dieser früheren Leben für uns heute von Bedeutung ist. Der Bewußtseinsvorgang läßt sich damit vergleichen, daß ein Stein ins Wasser fällt und um sich herum konzentrische Wellenkreise auslöst, oder mit dem Klang und dem Echo, die von einer Tonmitte herrühren. Unser Bewußtsein, unsere Wahrnehmungsfähigkeit, solch verschiedene Dimensionen und Szenarien zu erleben, dehnt sich aus. Und in dem Maße, in dem wir unser Bewußtsein auf diese Ausdehnung ausrichten, in dem Maße, wie wir die Aufnahme- und Wahrnehmungsfähigkeit für diese Wirklichkeiten »trainieren«, verliert die Zeit ihren Einfluß auf uns.

Wir lösen uns von dem Zwang, um irgend etwas in der Zukunft Liegendes zu kämpfen, um irgend etwas, das noch nicht hier und jetzt ist, denn wir sind vollauf mit der Gegenwart beschäftigt. Wenn wir diese Verbindung zur inneren Lebenskraft einmal aufgenommen haben, wird es zur erlebten Wahrheit, daß das »Jetzt« sich wie ein Echo im Wasser des Lebens fortsetzt, wie in konzentrischen Wellenkreisen. Wenn wir dieses Erleben zulassen, verändert es unser gesamtes Bewußtsein.

Sobald wir die verschiedenen Rollen kennenlernen, die wir in unterschiedlichen Gestalten in jeweils anderen Schichten und Dimensionen der Wirklichkeit spielen, erweitert sich unser Bewußtsein. Wir stellen dann fest, daß unser Selbst eine Unzahl von Ausdrucksformen findet, daß wir nicht auf eine Form, auf eine Zeitdimension festgelegt sind. Durch die Erforschung und die Arbeit am Emotionalkörper habe ich selbst lernen können, daß Zeit eine Illusion ist. Der Emotionalkörper ist bekanntlich auf der astralen Ebene, in der er weder Zeit noch Raum kennt. Wenn ein Kleinkind ein bestimmtes traumatisches Erlebnis hat, wird dies gespeichert und führt dazu, daß bei gleichen oder ähnlichen Situationen auch der älter gewordene Mensch wieder dieselbe Reaktion zeigt wie damals. Wir hatten das Beispiel ja schon einmal angeführt, daß Erwachsene oftmals auf ihre Eltern immer noch so reagieren, wie sie es als Kleinkinder taten – ein Hinweis, daß ihr Emotionalkörper ungewollt, vielleicht auch unbewußt, ihr Verhalten bestimmt. Der Emotionalkörper, der zeitlos lebt, ist sich nicht dessen bewußt, daß nun im

Erwachsenenstadium die Unterordnung unter vielleicht damals bedrückende Autorität nicht mehr notwendig ist. Es ist eine Sache des Bewußtseins, wie man sich selbst wahrnimmt: noch als Kind, das unter äußerer Beherrschung leidet oder als Erwachsener, der davon frei sein könnte.

Wenn wir also die Menschen in diesen Sitzungen führen, wenn wir ihr Ego, ihr Gemüt, ihren Verstand, ihr Selbst in diese früheren Erfahrungen geleiten, helfen wir ihnen, sich von der zwanghaften Beherrschung durch die Eindrücke dieser Erlebnisse zu lösen. Die Menschen erleben sich befreit, sie erfahren eigene innere und äußere Unabhängigkeit, sie sehen sich nicht mehr als das Kind oder als das Opfer an, sondern als ganze Menschen, als ganzheitlich bewußte Wesen. In dem Augenblick, in dem sie sich selbst als die schöpferische Kraft erfahren, in dem sie entdecken, daß sie selbst über ihr Schicksal entscheiden, überwinden sie die Zeit!

Wir müssen nicht sterben! Wir müssen nicht altern! Wir wissen bereits, daß es von der Physiologie des Körpers her weder Notwendigkeit noch Zweck gibt, daß der Körper altert. Es liegt am Bewußtsein, das noch nicht genügend weit entwickelt ist, das uns eben noch nicht beherrscht, aber sagen könnte: »Laß die alten Zellen sterben, laß neue Zellen geboren werden, möge sich der Körper verjüngen, weil ich es so will.« Ich bin mir darüber im klaren, daß diese Aussagen zunächst vielleicht auf Erstaunen, sogar auf Ablehnung stoßen mögen. Dennoch: aus meiner Erkenntnis heraus muß ich dies so sagen. Wir haben potentiell die Fähigkeit, unsere Umwelt schöpferisch zu gestalten. Sobald wir uns im Gleichgewicht befinden, sobald wir die Funktionsweise des Körpers von einer schöpferischen Ebene her verstehen, muß der Körper nicht mehr länger diesen Auflösungserscheinungen unterliegen. So wie die DNS dafür sorgen, daß die genetische Information, das genetische »Gedächtnis« alter, absterbender Zellen in neuen, sich entwickelnden Zellen weiterbesteht, quasi weitergegeben wird, so wie also die völlig neu entstandenen Zellen dieselbe Information in sich tragen wie die abgestorbenen, auf dieselbe Weise können wir diese Vorgänge bewußt benutzen. Wir können bewußt die Schwingung unseres Körpers erhöhen, so daß Lichtkörper entstehen, wir können auf diese Weise unseren Körper »stählen«. Wir können unser Körpergefährt bewußt erneuern, nicht etwa, weil wir Angst vor dem Sterben haben und unserem Körper unseren Willen aufzwingen, sondern weil wir die schöpferische Kunst des körperlichen Lebens und des körperlichen Sterbens verstehen und beherrschen. Wir können dann unseren Körper in einem zeitlosen Zustand benutzen, bis wir entscheiden, das Gefährt zu wechseln. Das Wissen um diese Dinge liegt bereits vor, und es wird nicht mehr lange dauern, bis dies auch in dieser Dimension demonstriert werden kann. Einige Beispiele sind sicher allgemein bekannt: seien es nun Yogis, die ohne Nahrungsaufnahme viele Wochen und Monate in der Erde eingegraben verharren, oder seien es »alterslose« Avatare, die sich in jugendlichen Körpern zeigen.

Das ist ja gerade das Wundervolle an diesen Sitzungen: wenn wir Gemüt und Verstand erlauben, durch all diese Dimensionen zu schweben, immer wieder neue Aspekte der Wirklichkeit zu erkennen und Information zu sammeln, geschieht ja all dies nicht auf eindimensionale Weise, nicht linear. Vielmehr geschieht es so, daß auf verschiedenen zeitlichen und räumlichen Ebenen zugleich Erfahrungen gemacht werden, Zeit also keine Begrenzung darstellt. Wenn man zurückliegende Lebensläufe erneut durchlebt, »explodiert« das »Gedächtnis« der Zelle, Zellen öffnen sich. Wenn das Selbst oder die Seele diese Bewußtseinsoktave einmal erreicht hat, bewegt sich die Seele, den kosmischen Gesetzen entsprechend, immer höher und näher in Richtung auf die Quelle der Lebenskraft zu. Leben bewegt sich immer aufwärts, immer dem Lichte zu, nicht ins Dunkel. Anstatt nur zu versuchen, glücklich zu werden, anstatt nur zu versuchen, etwas intellektuell zu verstehen – etwas intellektuell zu verstehen ist wie ein schlechter Trostpreis für Verlierer, hat einmal jemand in den USA gesagt –, also anstatt mit dem rationalen Verstand einen matten Abglanz der Wirklichkeit zu suchen, erleben wir diese Bewußtseinszustände selbst, unmittelbar, und das verändert uns grundlegend.

Die Wandlung geht von der Molekularstruktur der Zellen

aus. Der Körper befreit sich von der Angst, der Voreingenommenheit und von anderen in den Zellstrukturen gespeicherten Belastungen und befreit sich damit selbst. Er wird leer, er wird leicht, er wird licht –, das hebt uns ganz automatisch in höhere Oktaven, wir erleben Beglückung, ohne schwer und oft dennoch vergeblich darum ringen zu müssen. Dieser Durchbruch ereignet sich auf ganz natürliche, manchmal sogar unmerkliche Weise. Wir drehen uns plötzlich um und stellen fest, daß wir noch vor einem Jahr um beruflichen Erfolg gekämpft haben, während wir ihn jetzt auf leichte Weise erreichen, weil wir jetzt selbst bestimmen und ansteuern, was wir vom Leben erwarten. Oder wir bemerken, daß wir früher in Beziehungen nur Probleme und Schwierigkeiten erlebt haben, während wir uns jetzt einfach öffnen können, um Liebe zu empfangen.

Diese Veränderungen sind nicht rational planbar, sie lassen sich nicht im Netz zukünftiger Zeit einfangen. Eine solche Wandlung geht vielmehr aus einem freiströmenden Pulsieren von Erfahrung hervor, sobald der Körper aus den »Fallen« begrenzter Reaktionsgewohnheiten, die seinen Zellen eingeprägt sind, befreit wird. Anders gesagt: unsere Bewußtseinsgrenzen werden durch unseren Emotionalkörper gesetzt, der keine Zeit kennt und deshalb alle »falschen« Gefühlsreaktionen behält, weiterträgt und sie so verstärkt. Nur wenn wir selbst bewußt Zeitlosigkeit erleben – zum Beispiel durch Sitzungen, in denen frühere Leben oder in denen zukünftiges Geschehen behandelt wird –, nur wenn wir in bewußte Verbindung mit dem zeitlosen höheren Selbst kommen, kann die in unserer Zellstruktur gespeicherte Festlegung von Gefühlen und Reaktionen durch den Emotionalkörper aufgehoben werden.

Was in den Sitzungen begonnen wurde, setzt sich danach auf natürliche Weise fort. Die verschiedenen Körper – der physische Körper, der Mentalkörper, der Emotionalkörper und der spirituelle Körper – beginnen in harmonischer Resonanz zueinander zu schwingen. Dies erstreckt sich von den winzigsten subatomaren Strukturen über physiologische Vorgänge, über Gefühls-, Denk- und Erkenntnisprozesse, durch astrale und intuitive Ebenen, bis in höchste Oktaven des Seins. Die Körper beginnen miteinander zu verschmelzen. Die Lebenskraft dieser Körper, die »Shakti«, das Hologramm unseres Wesens pulsieren synchron miteinander; dadurch wird das Körpergefährt frei. Die Menschen fangen dann an, höchste Bewußtseinsebenen wirklich zu erleben.

Draußen in der freien, unberührten Natur werden wir weder eine depressive Pflanze noch ein depressives Tier sehen, weil sie nicht unter jenen durch Zeit- und Raumkonzepte ausgelösten Bewußtseinszuständen leiden. Sie erleben nur direkte Lebensenergie. Wenn wir in direkte Verbindung mit der Lebensenergie in unseren Zellen, in unserem Emotionalkörper und in unserem spirituellen Wesen kommen und wir diese Lebensenergien miteinander verschmelzen, dann werden auch wir leuchten, wir werden jene Freude und jenes Bewußtsein ausstrahlen, die nicht ständig Urteile fällen, kritisieren, nach etwas Ausschau halten, das jetzt gerade nicht zur Verfügung steht. Dann erfahren wir einfach, was es heißt, zu leben, lebendig zu sein.

Ich möchte ein prägnantes eigenes Beispiel dafür anführen, wie das Thema Freiheit akute Bedeutung erlangen kann. So ein Lebensthema, das zur Herausforderung wird, die nicht zu umgehen ist, entsteht durch eine Ansammlung von gleichartigen Erfahrungen aus verschiedenen Lebensläufen. Diese wie eingeprägten Erfahrungen diktieren praktisch die möglichen realen Lebenserfahrungen, die mögliche Lebenswirklichkeit – in der man die Wirksamkeit eines herausfordernden Lebensproblems oder Lebensthemas dann erkennen kann. Der Lebenslauf, den ich kurz skizzieren will, wurde von einer Bewußtseinskonstellation bestimmt, bei der es um die Freiheit der persönlichen Entscheidung und um Selbsterkenntnis ging. Und das hat wiederum ganz nachhaltig meine Lebensweise und mein Sein in diesem Leben jetzt bestimmt.

Es ging damals um ein Leben in Ägypten. Ich war ein junger Knabe, dem bestimmt war, der nächste Pharao zu werden. Es war ein Leben, in das ich, wie in diesen Lebenslauf, offen geboren wurde. Ich erinnerte mich damals an Kenntnisse und Erfahrungen, die ich in davorliegenden Leben gesammelt hatte. Ich erinnerte mich also als junger Ägypter daran, daß ich gewisse Initiationsprozesse bereits schon einmal durchlaufen hatte, die Voraussetzung dafür waren, in die Priesterschaft aufgenommen zu werden. Die Funktionen der Priester erstreckten sich damals sowohl auf die Führung und Beherrschung der Menschen im Äußeren wie auf die Meisterung der inneren Wirklichkeiten. Dies geschah durch die Anwendung besonderer Gaben oder Kräfte.

Bereits als sehr kleines Kind erinnerte ich mich dieser zuvor erworbenen Gaben und Kräfte, ich erinnerte mich an die erlernten und erforschten Fähigkeiten, so daß all dies für mich etwas sehr Nützliches darstellte. So konnte ich mit den Tieren sprechen. Mit den Tieren zu sprechen ist eine wunderbare, von Liebe durchströmte Erfahrung, die ein inneres Gleichgewicht bewirkt. Das liegt natürlich außerhalb der Verständnisfähigkeit des linearen, begrenzten Verstandes. Ich konnte Vögel telepathisch rufen, die dann zu mir flogen. Ich vermochte die Lebenskraft, die sich in und durch den Vogel ausdrückte, direkt zu erfassen, wir konnten uns miteinander austauschen, wir konnten auf gewisse Weise eins werden. Mit einem Vogel zu sprechen ist nicht im Sinne des üblichen Redens zu verstehen, sondern vielmehr als ein intuitives bewußtes gegenseitiges Verstehen, wie eine totale Harmonie zwischen uns. Auch zu Pflanzen konnte ich auf diese Weise in Verbindung treten.

Vom Alter von drei Jahren an hatte ich einen Lehrer. Da mir diese innere Offenheit nun zu eigen war, konnte ich eine Pflanze einfach in der Hand halten und deren Merkmale und Eigenschaften beschreiben. So wußte ich zum Beispiel, ob man die jeweilige Pflanze als Medizin verwenden konnte, ob man sie in einer Salbe oder als Nahrungsmittel verwenden sollte, ich wußte, ob eine Pflanze viel Sonne liebte, neben welchen anderen Pflanzen sie wachsen würde und so fort.

Ich erinnere mich an eine der frühesten Erinnerungen in jenem Leben, als ich mich in einem bestimmten Garten nahe des Pharaonenpalastes aufhielt. An der Ostseite dieses Gartens befand sich eine wundervolle Sandsteinmauer. Mein Lehrer zeichnete Symbole auf diese Mauer, und ich konnte

90

ihm aus meiner Erinnerung früherer Studien in früheren Leben ihre Bedeutung nennen. Und diese Hieroglyphen, wie wir sie heute nennen, erzählten die Geschichten der verschiedenen Pflanzen in diesem Garten. Manchmal würde ich die Informationen und Daten über die Energien der Pflanzen und ihrer Anwendung selber auf dieser Wand aufzeichnen, hauptsächlich tat dies aber mein Lehrer. Und ich erinnere mich auch an das Glitzern dieser Wand, das wohl durch die Spiegelung der intensiven Sonnenstrahlen im vielen Silicium im Sandstein hervorgerufen wurde. Aber auch ich selbst fühlte mich wie leuchtend. All das war damals ein Hochgenuß an Lebensfreude für mich, es war wie ein Spiel. Es hatte etwas von einem Katz- und Mausspiel zwischen mir und meinem Lehrer an sich. Er würde auf eine Hieroglyphe zeigen, die er mir noch nicht beigebracht hatte, und ich würde mich tief in meine Erinnerungen versenken und voller Freude feststellen, daß ich in mir das Wissen über die Pflanze, wo sie zu finden war, welches ihr Nutzen war, aktivieren konnte.

Und dieser geliebte Lehrer begleitete meine Ausbildung auch während der Jahre der Pubertät. Er unterrichtete mich intellektuell und sprituell. Er half mir zu erkennen, wer ich war, und wer ich in jenem Leben werden sollte. Als die Zeit für die mehrstufige Initiation herangereift war, in der ich meine Kenntnisse und mich selbst unter Beweis stellen sollte, fühlte ich nichts von der üblichen Beklommenheit, die einen Schüler oder Studenten angesichts bevorstehender Prüfungen normalerweise befällt. Und dies, obwohl ich wußte, daß man jene Initiation entweder erfolgreich abschloß und zum Pharao ausersehen war oder sterben mußte. Ich hatte indes keinerlei Sorge zu versagen, denn in jenem Leben hatte ich noch nie versagt. Ich wurde geliebt und war erfolgreich. Ich sprach viele Sprachen, nicht nur die der Tiere. Ich war ein einfaches und bezauberndes Kind zugleich, ein geliebtes und liebevolles Wesen.

Ich hatte also bis dahin keinerlei negative Erfahrungen oder fehlerhaftes Versagen kennengelernt. Voller Optimismus trat ich in die Initiation ein, ich sah den Ablauf und meine Rolle darin als ein reines Ritual an. Ich fühlte mich mit den Bestandteilen und Schritten des Rituals voll vertraut und war mir sicher, daß ich ganz natürlich auch den letzten Schritt vollziehen würde, nämlich als Pharao sichtbar hervorzutreten. Ich erinnerte mich an die Einstimmungen und Vorbereitungen in davorliegenden Leben für jenes Leben als zukünftiger Pharao; ich erinnerte mich in diesem Leben jetzt, als ich jenes Leben als zukünftiger Pharao nachvollzog, daß mir Lapislazuli-, Türkis- und Goldstaub auf die Augen gelegt wurden. Lapislazuli, Türkis und Gold tragen die Energien dreier verschiedener Oktaven in sich, und ich erinnere mich, daß ich nach jener Sitzung, also in diesem Körper jetzt, drei Tage lang Mühe hatte, meine Augenlider zu öffnen. Das damals tatsächlich stattfindende Ereignis hatte seine Auswirkung auf die Zellstruktur meiner Augenlider heute, als ich mir das Geschehene wieder vor Augen führte.

Nach der entsprechenden sorgfältigen Vorbereitung zur Initiation durchmaß ich die Räume zur inneren Kammer in einem Boot. Die Prüfungen begannen mit sehr groben Mutproben, mit physischen Belastungen und Aufgaben, starke Willenskräfte unter Beweis zu stellen. Und obwohl es allerhöchster Konzentration bedurfte, um hier zu bestehen, vermochte ich diese Konzentration durchgehend beizubehalten, bis ich zum letzten Teil der Prüfung gelangte. Ich war bereits vom Überschwang der Freude erfüllt, denn ich wußte, daß ich am Ende der Initiationsprüfung angelangt war, ich wußte, daß ich das Ritual, das Rollenspiel, in untadeliger Weise absolviert hatte. Ich wußte, daß ich die Initiation in brillanter Manier vollzogen hatte.

Die letzte Aufgabe, die ich zu erfüllen hatte, bevor ich wieder ins Licht der Welt – nun als Pharao – treten würde, bestand in einer Entscheidung. Ich sah vor mir das Bild eines Weges, der sich gabelte. Ich mußte mich nun für eine der beiden Weggabelungen entscheiden. Ich spürte große Freude in mir aufsteigen, da ich genau wußte, daß der linke Pfad der richtige war. Es war ein leichtes für mich, dies intuitiv, von meiner inneren Stimme her, sicher zu erkennen. Und gerade als ich diese mir so leicht fallende Entscheidung aussprechen wollte, gerade als ich mich auf den linken Weg begeben wollte, entstand vor meinem Blick das Gesicht des geliebten Lehrers. Das Gesicht zeigte einen sehr belehrenden, besorgten Ausdruck, es war sehr ernst und zog sofort meine Aufmerksamkeit in seinen Bann. Der Gesichtsausdruck legte durch die Sprache der Augen nahe, daß der richtige Pfad der rechte sei. Aufgrund meiner emotionalen Erfahrungen in jenem Leben, aufgrund der Tatsache, daß dieser geliebte Lehrer die Quelle meiner Selbsterkenntnis als kraftgebietendes, mächtiges Wesen, auch als ein liebender Mensch war, da ich mich selbst also im Spiegel meines Lehrers, besonders in seinen Augen, erfuhr – Augen voller Liebe und Mitgefühl –, meinte ich sofort, daß ich mich aus irgendeinem Grund geirrt hatte und wählte den rechten Pfad. In diesem Moment erstrahlte ein Lichtblitz, und ich starb. Das Geschehen hatte so nachhaltige Wirkung auf mich, daß sich mein spiritueller Körper lange Zeit in einem Zustand der Verwirrung befand.

Auf meine eigene Erkenntnis hatte ich verzichtet! Aus Liebe, aus Ehrerbietung und wegen der Spiegelung in jenen Augen, durch die ich mich selbst erfahren hatte, hatte ich meinen eigenen, freien und richtigen Willen aufgegeben. Ich war allerdings absichtsvoll »betrogen« worden, nicht nur, um mich im Rahmen der Initiation zu prüfen, sondern auch, um mir eine wichtige Lektion zu erteilen. Mein Lehrer hatte erkannt, daß ich mich in jener Lebenszeit auch mit religiöser Erkenntnis befaßt hatte, für welche die Menschen jener Zeit noch nicht reif waren. So mußte ich fortgenommen werden. Als Pharao hätte ich dieses religiöse Wissen den Menschen zugänglich gemacht, und mein Lehrer hatte das vorhergesehen und mich deshalb beseitigt. Es ist für mich eine unvergeßliche Lektion, daß man – völlig ungeachtet jeglicher Konsequenzen – der eigenen inneren Erkenntnis unbedingt folgen muß! Unser eigenes Verständnis, unsere eigene innere Stimme ist die Kraft, die uns für den Pfad des Lebens schmiedet. Wenn wir dieser inneren Führung folgen, wenn wir uns bewußt für die eigene innere Stimme entscheiden, können wir niemals den falschen Weg einschlagen. Auf unser eigenes Urteil sollten wir nie verzichten, selbst dann, wenn uns ein Weg als sehr trügerisch oder gefährlich erscheint. Der Pfad, für den wir uns nach unserem eigenen Urteil entscheiden, wird immer derjenige sein, der uns die beste Entwicklung, das intensivste Leben für unsere Seele bringen wird: und dies ist schließlich der Sinn unserer Inkarnation. Das ist der Grund, warum wir einen Körper angenommen haben und uns in dieser begrenzten Dimension bewegen.

Diese Lektion ist entscheidend nicht nur für mich in diesem Leben, sondern für alle Menschen, die jetzt, in dieser Zeit, auf diesem Planeten Erde leben. Ich habe mich bereits als kleines Kind in diesem Leben daran erinnert. Ich wurde oft von Freunden, Schulkameraden oder auch in der Familie beiseite geschoben, weil man sich daran störte, daß ich angeblich obstinat daran festhielt, irgend etwas auszuführen, was sie als unwichtig oder für sie uninteressant betrachteten. Ich verstand, als ich jenes ägyptische Leben als erwachsene Frau wiedererlebte, warum es mir als Kind in diesem Leben so wichtig war, bei meiner eigenen Willensentscheidung zu bleiben. Auch in diesem Leben habe ich dafür oft teuer bezahlt. In jenem ägyptischen Leben wie in diesem Leben war es mir oft darum zu tun, von denen, die ich liebte, wiedergeliebt zu werden. An einer eigenen Willensentscheidung jedoch festzuhalten, auch wenn sie auf Ablehnung der anderen stieß, erforderte, daß ich den Mut entwickeln mußte, alleine zu stehen. Wenn man seine eigene Entscheidung, sein eigenes Urteil wirklich annimmt und dazu steht, kann man niemals zum Opfer irgendwelcher Umstände werden. Die eigene Rolle im Leben, die ganze eigene Realität nimmt dann eine andere Qualität an.

6.

Wir können wählen:
Opfer oder Schöpfer?

Ich möchte etwas über die Menschen sagen, die hierher ins Light-Institute kommen, über die Lebensthemen, und wie sich diese in den Sitzungen entfalten. Das Hauptproblem, das in fast allen Sitzungen auftaucht, ist die eine Herausforderung, die sich allen Menschen stellt, die zur Zeit auf diesem Planeten leben. Es ist das Problem persönlicher Kräfte, persönlicher Macht. Es ist die Frage: »Wer bin ›Ich‹ in diesem Leben?« Unsere Schwingungsfrequenz ist höher, ist schneller als je zuvor. Wir haben in gewissem Umfang Verbindung zu unserem spirituellen Körper aufgenommen, genug, um nach dem Sinn unseres Lebens zu suchen. Nach all den Jahrtausenden, die wir in verschiedenen Lebensformen eher dumpf an uns haben vorüberziehen lassen, in denen wir annahmen, daß wir uns nicht frei nach unserem Willen entwickeln können. Wir meinten, daß wir geboren werden, um uns durchs Leben durchkämpfen und schließlich sterben zu müssen – ohne jeden Ausweg, ohne jede freie Entscheidung.

Inzwischen hat sich jedoch unser Bewußtsein so weit ausgedehnt, so weit entfaltet, daß wir nach Sinn und Zweck unseres Daseins fragen. Inzwischen müssen wir häufig nicht mehr um die lebenserhaltenden Notwendigkeiten des Alltags kämpfen, wir verfügen vielleicht über ausreichende finanzielle Mittel, wir können uns vielleicht als erfolgreich betrachten, wir leben vielleicht in einer liebevollen Familie. Aber dennoch beginnen wir zu überlegen, warum wir hier sind, was unsere Lebensaufgabe eigentlich ist. Diese Frage, diese Suche ist ein zentrales Anliegen der Menschen, die hierherkommen. Was sollen sie in ihrem Leben wirklich anfangen? Welche Erfahrungen wür-

95

den für sie von Bedeutung sein? Herauszufinden, wer sie wirklich sind und zu erfahren, wie sie dies in ihrem Leben manifestieren können – darum geht es ihnen.

Und dabei stoßen die Menschen natürlich sofort auf Grenzen oder Hindernisse für ihre Suche und für ihre eigen- nicht fremdbestimmte Manifestation. Manchen Menschen sind Beziehungsprobleme im Weg, handle es sich dabei nun um Eltern, Kinder, Vorgesetzte, Lehrer, Priester. Sie müssen dann das Thema ihrer Beziehung zu äußeren Machteinflüssen durcharbeiten. Sie müssen dabei diese problematische Beziehung als eine Spiegelung begreifen, die auf sie durch jene äußerlich Mächtigen zurückkommt, die ihnen als Vorbilder dienen oder sie auf andere Weise beeinflussen, sogar beherrschen. Die Beherrschung liegt darin, daß jene Autoritäten definieren, wer wir sind, wie wir uns verstehen sollen, welche Vorstellungen wir über uns entwickeln. Wir können dies recht gut im Verhältnis zwischen Eltern und Kindern beobachten. Die Kinder werden immer entscheidend durch die Urteile und Konzepte geprägt, die ihre Eltern ihnen vermitteln. Der geradezu kosmische Witz liegt darin, daß die Kinder sich allerdings ihre Eltern selbst ausgesucht haben und sie quasi wie eine Figur auf dem Schachbrett benutzen. In diesem Spiel also haben sich die Kinder die Eltern ausgesucht, damit diese ihnen jene Themen und Probleme spiegeln, an denen die Kinder wachsen und ihre Seele entfalten können.

Wenn also ein Kind in eine Familie geboren wird, in der ein Elternteil besonders dominant ist oder ständig herumkritisiert oder gar physisch aggressiv wird, wenn ein Kind in seiner Familie nie gelobt und gefördert, sondern abschätzig beurteilt wird – »Du bist zu dumm, das schaffst du nicht, du bringst aber auch gar nichts zustande« – ist dies, von der Seelenebene her betrachtet, letztlich ein frei gewählter notwendiger Druck, der zur bestmöglichen Entwicklung verhilft. Wir müssen die Seelenebene hier kurz ansprechen, diesen unglaublichen holographischen Lebensplan, der exakt auf eine vollkommene Entwicklung ausgerichtet ist, der sich in voller Übereinstimmung und Synchronizität mit allen Lebensereignissen vollzieht. Das Kind hat sich von der Ebene dieses Lebensplans her bereits die Anstöße, aber auch die Zwänge durch äußere Autoritäten ausgesucht; es hat bereits die zu erlernenden Fähigkeiten und Kenntnisse anvisiert, die für die Entwicklung notwendig sind. Durch die karmische Verknüpfung, durch die gegenseitige Beziehung zwischen allen Wesen, zwischen allen Seelen, wird das Kind jene Seelen anziehen, mit denen es schon seit geraumen Zeiten zusammen unterwegs ist. Dabei werden die Rollen vielleicht vertauscht, und man »verabredet« untereinander, daß einmal dieser Kind und jener Vater oder Mutter sei, und man beim nächsten Mal die Beziehungsmuster genau umgekehrt durchlebt. Die Seelen finden zu einer gegenseitigen Übereinstimmung, sich zeitlich parallel hier zu inkarnieren, um sich gegenseitig zu helfen, um einander jene Erfahrungen zu schenken, die für die jeweilige Entwicklung am geeignetsten sind.

Tatsächlich ist also das Kind niemals Opfer der Eltern. Es hat sich die Eltern vielmehr ausgesucht, und umgekehrt. Die Eltern spielen im großen Film, im großen Lebensspiel des Kindes Rollen, die das Kind als Regisseur selber festgelegt hat – um selbst daran zu wachsen. Als ich Biographien berühmter Menschen las, hat mich immer fasziniert, daß in 90% der Fälle, gleich in welcher Zeit und in welcher Kultur, die später bedeutenden Menschen zuvor eine sehr »schlimme« Kindheit erlebt hatten. Diese Korrelation habe ich immer als bemerkenswert empfunden. Wir wissen von Kindheiten, die traumatisch waren, die zur Konzentration auf bestimmte Absichten und Lebensziele zwangen, die wie zum Durchbruch durch einen engen Trichter nötigten, um zu dem zu werden, was das Kind heute ist.

Was bringt uns dazu, der Welt unseren Stempel aufzudrükken? Was macht uns zu einem Buddha, einem Jesus, einem Einstein? Sehr oft sind es Widrigkeiten, die uns zu dem machen, was wir sind oder werden sollen. Ich habe in vorangegangenen Kapiteln schon angesprochen, daß der Emotionalkörper geradezu süchtig danach ist, negative Impulse als Brennstoff oder Katalysator für die Entwicklung zu benutzen. Denn wenn wir durch die negativen Kräfte Einengungen und

Beschränkungen erfahren, fordert uns dies heraus aufzuwachen, unsere Aufmerksamkeit auf diese Dimension zu lenken. Bisher war dies für uns die übliche Weise zu lernen. Jetzt, da der Lebensrhythmus stark beschleunigt ist, da die Lebenskraft schneller und heftiger pulsiert, werden wir notwendigerweise andere Methoden einsetzen, um selbst zu belehren.

Oft also haben traumatische Erlebnisse in der Kindheit den Kurs des scheinbar vorherbestimmten Schicksals entscheidend herumgeworfen. Und die so Betroffenen werden im Rahmen des kosmischen Spiels, im Rahmen der Synchronizität der Lebensentwicklungen, in eine neue Spur gedrängt, aus der sie als ein Mensch mit besonderen Gaben und Fähigkeiten hervorkommen, als ein Mensch mit einem ganz eigenen herausgehobenen Bewußtsein. Durch den Prozeß dieser Prüfungen sind sie in einer Weise geformt worden, daß sie nun eine besondere Energie in die Welt wieder ausstrahlen.

Aus der zusammengezogenen fötalen Position des »Opfers«, das sagt, »ich bin völlig ohnmächtig, ich habe meine Eltern verloren, oder, meine Eltern haben mich so schlimm geprägt«, entwickelt sich eine Kraft, die den Menschen schmiedet, die ihn formt. Diese Kraft zwingt den Menschen, sich einer spezifischen Qualität seiner Seele bewußt zu werden und diese so zu manifestieren, daß sie in der Welt leuchten. Ob sie nun als Künstler, Wissenschaftler, durch die Liebe ihres Herzens oder anders leuchten: sie brechen aus den Konventionen aus. In unserer Kultur haben wir nun ein Gesellschaftssystem entwickelt, das die Massen als willfährige Schafe produziert. In diesem System setzen wir die Sehnsucht danach, angenommen und geliebt zu werden, den Wunsch danach, sich anderen Menschen anzugleichen, als Mittel der Machtausübung und -kontrolle ein. Macht- und Kontrollmechanismen sind seit Anbeginn der Zeiten zentrale Probleme auf diesem Planeten gewesen. Jede Religion, jede Regierung und jede äußere Autorität war und ist bis heute bestrebt, durch Kontrolle über Menschen diese zu regieren, zu lenken, zu belehren. Wir haben bislang noch kein Modell entwickelt, in dem sich die Entwicklung ohne die Rollenverteilung von Kontrollierenden und Kontrollierten vollzieht. Anders ausgedrückt: bis heute leben wir in einem System, in dem es Opfer gibt und Menschen, die solche Opfer fordern, also Opfer und »Täter«.

Wenn nun jemand zu uns kommt und sagt, »ich hatte diese tragische Kindheit, meine Eltern haben mich immer geschimpft, deshalb bin ich jetzt so verkrampft, deshalb kann ich jetzt keinen Menschen wirklich lieben, deshalb kann ich weder glücklich noch schöpferisch tätig sein«, dann führen wir diese Menschen zurück in frühere Lebensläufe, in zurückliegende Erfahrungen, in andere Bewußtseinsdimensionen. Wir gehen mit ihnen zurück zum Ursprung dieser Probleme und erforschen, warum sie zugelassen haben, daß sie in diesem Leben Opfer sind. Ich habe dabei etwas schier Unglaubliches festgestellt: daß all die Menschen, die sich in diesem Leben als Opfer erfahren, über ein ganzes Repertoire eigener Rollenspiele in vergangenen Leben verfügen, in denen sie selbst die Verursacher von Opfern waren. Zwischen dem Opfer und dem Verursacher des Opfers kommt es also zu einem Ausgleich, es kommt zum Abschluß eines Kreislaufs. Anders gesagt: Opfer und Täter sind eins!

Die tiefgründigste Lehre, die ich durch diese Arbeit erhalten habe, ist: die Menschen, die sich in diesem Leben so intensiv als Opfer erfahren, sei es nun, daß sie unter brutalen Eltern zu leiden hatten, sei es, daß sie schwerwiegende Partnerprobleme austragen müssen, sei es, daß es um andere Täter-Opfer-Szenarien gehe, stellen die Fragen: »Wieso bin ich gerade mit diesem Menschen zusammen? Woher kenne ich ihn?« Sie entdecken zunächst einmal, daß sie gegenüber diesem anderen Menschen in früheren Leben dieselbe Gewalt ausgeübt haben, wie sie sie selbst jetzt erleiden. Aber noch viel schockierender ist eine Entdeckung, die sehr viele Menschen machen, wenn sie Leben um Leben, Zeitspanne um Zeitspanne zurückgehen. Sie stellen fest, daß der Mensch, der als Übeltäter in diesem Leben auftritt, eine Seele ist, mit der sie zusammen viele Lebenszeiten durchreist haben. Und es entspricht dem inneren Gesetz dieser Lehre, daß die Seele die Manifestation dieser leidvollen Situation zugelassen hat. Darin liegt eine wichtige Erkenntnis begründet.

Keine andere Seele ist bereit, dem »Opfer« jene leidvolle

Erfahrung zu vermitteln. Wenn man zum Beispiel das Gefühl von Schuld mit sich herumträgt aufgrund von Fehlverhalten in einem früheren Leben, in dem man einen anderen Menschen getötet hat, sagt man zu sich, »um etwas über die schöpferische Lebenskraft zu erfahren, muß ich jetzt zulassen, daß ich selbst getötet werde«. Wenn wir uns einmal auf diesen dreideimensionalen Kampf einlassen und durch unseren Körper Erfahrungen sammeln, geboren werden, leben und wieder sterben, ist dies für die Seele eine wirklich verführerische Erfahrung. Die Seele will solche Erfahrungen immer wieder wiederholen, will sie immer wieder aufs neue auskosten. Sie kann sich aus dem karmischen Netzwerk, aus dem Gesetz von Geben und Nehmen nicht ohne weiteres lösen. Die karmischen Prozesse, die ich hier kurz beschreibe, bedeuten keine Bestrafung! Karma bedeutet lediglich Ausgleich und Auswahl von Erfahrungen. Dadurch entsteht ein Strom von Energie, dadurch entstehen sozusagen personale und kosmische Gezeiten von Ebbe und Flut, die das Universum bewegen.

Eine Seele hat sich also entschlossen, die andere Seite eines von ihr selbst ausgelösten Verhaltens kennenzulernen. Nun blickt sie sich um und sucht nach einer anderen Seele, die bereit ist, sich mit ihr auf dieser Ebene in jenen Ausgleich von Erfahrungen einzulassen. Sie fragt: wer hier, den ich kenne, ist dazu bereit? Es wird sich aber keiner finden, jeder wird darauf hinweisen, daß er diese Lektion bereits gelernt habe, und wenn man sich dennoch darauf einließe, dies die eigene Entwicklung behindere. »Das werde ich für dich nicht tun, das ist unangenehm, das bringt uns nicht weiter«, antworten die Seelen. Fremde Seelen oder Feinde von einem werden sich nicht dazu bereitfinden.

Nur jene, welche die Seele wirklich lieben, werden antworten, »meinst du tatsächlich, daß dies die einzige Möglichkeit für dich ist, deine Lektion zu lernen?« und wenn die Antwort dann lautet, »ja, das will und muß ich wirklich«, dann wird sich die andere Seele dazu bereiterklären. Und dies geschieht im Wissen darum, daß durch diese neue Täter-Opfer-Beziehung die karmische Verknüpfung zwischen den beiden Seelen noch dichter gesponnen wird. Derartige gegenseitig abgestimmte Interaktionen führen dazu, daß die Seelen viele Leben lang unlösbar miteinander verbunden bleiben. Also wird sich nur jemand, der den anderen sehr liebt, dazu bereitfinden. Abgesehen von Erkenntnissen über den Tod ist dies wohl die wichtigste Lehre meines Lebens.

Wenn also Menschen hierher ins Light-Institute kommen, die sich in diesem Leben nur als Opfer erfahren haben, und wenn sie im Verlaufe der Sitzungen feststellen, daß sie selber in vergangenen Leben irgendwann einmal Macht und Kontrolle über andere Menschen ausgeübt haben, daß sie selber anderen das zugefügt haben, was sie jetzt erleiden, wenn sie feststellen, wieviel Liebe – von einem nunmehr neugewonnenen höheren Standpunkt aus betrachtet – auf der Seelenebene dazu gehörte, daß sich eine Seele in diesen Tanz der Entwicklung mit ihnen begeben hat, dann verändern diese neuen Einsichten die Menschen total. Die Einsicht in diese Zusammenhänge befreit sie, beseitigt die Blockaden im Herzzentrum, so daß Liebe aus ihnen ausströmt – ausgelöst von der Einsicht, daß sich eine Seele zu diesem karmischen Ausgleich mit ihnen bereitgefunden hat.

Kann man nun die Rolle des Opfers in diesem einen Leben abstreifen, aufgeben, loslassen, und Schöpfer werden anstatt etwa Urheber neuer Opfer? Nach meinen Erfahrungen: Ja! Wir haben bereits darüber nachgedacht, wie man zum Täter oder zum Opfer werden kann und inwieweit beide Rollen eng miteinander verknüpft sind. Wenn man nun einmal erkannt hat, daß man selbst bereits Macht ausgeübt hat – und wir machen ja diese Sitzungen und diese Arbeit, um solche Einsichten in unser vielschichtiges Wesen zu gewinnen, und dabei spielt es keine Rolle, ob wir uns als »böser« oder »guter« Mensch erleben, denn gut und böse und ähnliche Schwarz-Weiß-Kategorien gibt es nur auf dieser sehr beschränkten irdischen Ebene, nicht in höheren, schneller schwingenden bewußten Seinsoktaven, auf der Ebene göttlichen Erkennens –, wenn man sich also einmal als ein Mensch gesehen hat, der über Macht und besondere Fähigkeiten oder Talente verfügt, zum Beispiel über Heilkräfte oder Führercharisma, über künstlerische Talente oder Mitgefühl, das sich in tätiger Nächstenliebe ausdrückte, vermittelt uns dies blitzartig und nachhaltig neues Selbstvertrauen. Dieses neue Selbstvertrauen löscht einfach die alten Prägungen von Schuld, Vorurteilen und Ängsten aus, die bislang scheinbar unsere Unfähigkeit, schöpferisch zu wirken, bestätigten.

Wenn wir bisher, bewußt oder unbewußt, also dachten: »Nein, das schaffe ich nicht« – »Nein, das verdiene ich nicht – »Nein, ich bin es nicht wert, geliebt zu werden«, so werden all solche Prägungen durch diese neuen Erkenntnisse einfach ausgelöscht. Damit beginnen wir, uns auf die feineren, energiereicheren Schwingungen wirklicher Schöpferkraft einzustellen. Denn wir beginnen, Verantwortung zu übernehmen, ohne Scheuklappen und ohne Vorteile. Wir lassen die Erkenntnis zu, daß wir selber schöpferisch tätig sein können: Liebe, Schönheit, Leben zu schaffen ist uns tatsächlich gegeben!

Wenn wir die Tatsache, daß wir selbst als Schöpfer wirken können, wenn wir diese Realität einmal akzeptiert haben und in harmonischer Resonanz in dieser neuen Wirklichkeit schwingen, werden wir vollkommen gewandelt, auf ewig! Wir müssen darüber nicht angestrengt nachdenken, wir müssen es nicht umständlich analysieren, wir brauchen nicht zu sagen, »so, jetzt bin ich dahintergekommen, ab jetzt werde ich mein Leben so und so führen.« Diese Wandlung vollzieht sich ganz von selbst. Der Grund dafür: wie zuvor erwähnt, wird der Emotionalkörper von tief sitzenden Eindrücken geprägt, was immer nun die Gedankenformen, Erlebnisse, Anschauungen, Vorurteile oder Gefühlsreaktionen gewesen sein mögen. Der Emotionalkörper strahlte die Schwingung dieser Prägungen durch unser elektromagnetisches Feld aus, das wir auch als Aura bezeichnen. Durch diese Ausstrahlung ziehen wir jene Menschen und Umstände an, welche diese Schwingung und ihre Ursachen zu bestätigen scheinen. In den Sitzungen passiert nun folgendes: eine Bewußtseinsschicht nach der anderen blättert sozusagen ab, wir sehen uns vielleicht als Heiler, als Helfer der Menschheit, als schöpferisch inspirierte Wesen. Und ohne es anzustreben, ohne darüber nachzudenken, beginnen eben jene Energien, von denen wir uns in den Sitzungen positiv erfüllt erfuhren, in unserem Körpergefährt, das wir jetzt und hier benutzen, emporzusteigen und uns auf neue Weise zu aktivieren.

Unbewußte Kristallisationen, unbewußte Verkrampfungen und Erstarrungen werden gelöst. Das Bewußtsein öffnet sich dem All, fließt in den universalen Strom, und wird dann wieder in seiner Form zu uns zurückgezogen, denn wir haben dann die Kraft, das anzuziehen, was unser eigen ist. Ich nenne diesen Vorgang »Guthaben auf unserem kosmischen Bankkonto anzuhäufen«, also Energie zu sammeln.

Indem wir die Schlacken solcher Erfahrungen freisetzen, uns davon lösen, werden sie wieder zur Essenz dessen, was sie zuvor schon waren: Energie. Diese »reine« Energie steht uns dann wieder zur Verfügung – denn alles ist Energie, der gesamte Kosmos ist Energie, so also auch die »Gefühlsschlacken«, die uns mit ihren erstarrten Energieformen belasten. Mit dieser Wandlung wird das Körpergefährt offener, empfangsbereiter, es legt Begrenzungen, Selbstverleugnung und Abschneidung von der Quelle Gottes ab und saugt statt dessen schöpferische Kraft in sich ein. Und dann können wir diese reine schöpferische Energie in vielerlei Formen wieder ausstrahlen. Das ist ein ganz kurzer Abriß der Prozesse, die sich bei der großen Wandlung vollziehen vom Opfer, das sich als jammervolles, verbittertes und nutzloses Wesen empfand, zum strahlenden, sich schöpferisch offenbarenden Wesen wird. Die sich manifestierende Seele spricht dann: »Ja, ich will und werde ein Schöpfer sein.« Ohne besonders darüber nachzudenken, beginnen wir Lebensenergie und Liebe auszustrahlen, fühlen sich andere Menschen zu uns hingezogen, werden wir geliebt. Und je mehr wir geliebt werden, desto mehr Liebe schenken wir anderen Menschen.

Diese Vorgänge und Abläufe hin- und herströmender Energieflüsse, dieser Austausch von Energien, die aus unserem Körpergefährt austreten und wieder in ihn zurückfluten, stellen grundlegende Energiegesetze des Universums dar, sie sind eine Art kosmisches Uhrwerk. Wenn diese Prozesse einmal angefangen haben, dann kann es uns passieren, daß wir nur an jemanden zu denken brauchen, mit dem wir uns gerne unterhalten würden, und er ruft uns an. Wenn wir uns auf eine Frage konzentrieren, erfassen wir die Antwort im Nu intuitiv, oder sie kommt auf wunderbare »zufällige« Art und Weise durch einen Zeitungsartikel, ein Buch oder eine Bemerkung auf uns zu. Wir beginnen zu verstehen, daß wir Teil des kosmischen Tanzes sind.

Und damit beginnen, wir unterbewußte Einflüsse abzulegen, wir beginnen die Isolierung unserer Persona – unserer »Maske« – zu durchbrechen, wir lösen uns von unserem bis dahin unerbittlich und unausweichlich erscheinenden Karma. Wir treten aus der karmischen Tretmühle heraus und werden zu bewußten Mitarbeitern am göttlichen Plan, zu Mitschöpfern.

Es ist also nicht etwa ein Ausdruck eines besonders großen Egos, das sich einbildet, »ich bin mächtig«. Es handelt sich dabei vielmehr um die nahtlose Übereinstimmung zwischen Sein und Tun, die uns schöpferisch wirken läßt. Es ist die harmonische Aktivität von Yin- und Yang-Kräften.

Die Menschen, die zu mir und zu meinen Kollegen ins Light-Institute kommen, haben eins gemeinsam: sie wollen ihr Inneres, ihr Selbst erforschen. Viele von ihnen sind sehr erfolgreich, viele von ihnen sind in den USA sehr bekannt, viele von ihnen sind sehr einflußreich, und erstaunlich viele von ihnen recht jung. Sie alle streben nach Selbstverwirklichung, nach sinnvoller Erfüllung ihres Lebens. Sie sind mit der Flachheit eines nur weltlich gelebten Daseins nicht mehr zufrieden.

Als Shirley (MacLaine, d. Ü.) zu mir kam, wollte sie mehr über die innere Bedeutung, über den Sinn ihrer Beziehung zu ihren Eltern erfahren. Für mich war Shirleys Fragestellung sehr interessant, weil sie eine wundervolle Möglichkeit bot, darauf hinzuweisen, daß wir uns selbst unsere Eltern aussuchen. Und das ist eine der profundesten Einsichten, die wir gewinnen können, um unsere spirituelle Entwicklung, aber auch das weltliche Leben mit Sinn und Liebe zu erfüllen. Shirley MacLaine ist ja in ihrem erfolgreichen Buch »Tanz im Licht«* sehr anschaulich und eindringlich auch auf dieses

* in deutsch im Goldmann-Verlag erschienen.

Thema eingegangen. Wenn jeder Mensch sich darüber klarwürde, daß die Eltern die ersten Archetypen sind, die man in dieser dreidimensionalen Welt, in dieser Erden-Wirklichkeit erlebt und daß man sich diese Eltern selbst ausgewählt hat – nicht um sich selber zu bestrafen, nicht um sich einzuengen, sondern um ganz bestimmte Fähigkeiten auszubilden –, würde dies unsere Beziehungen untereinander in dieser Welt total revolutionieren.

Als Shirley also kam, um speziell dieses heikle Thema »Eltern« anzusprechen, war ich wie elektrisiert von der Aussicht auf die sich bietende Möglichkeit, die Beziehungsproblematik zwischen Eltern und Kindern weiter zu erforschen. Ich empfand es als eine wundervolle Chance, mehr Menschen das Konzept der Befreiung von falschen Projektionen aufgrund ungeklärter Eltern-Kind-Verhältnisse zugänglich zu machen. Ob wir nun gegen diese ersten Archetypen rebelliert haben oder sie zu kopieren suchten, wie auch immer wir uns verhalten haben – diese Primärbeziehungen ablehnend oder uns an sie anpassend –, um daran zu wachsen: wir können uns selbst erkennen und verwirklichen, wenn wir diesen neuen Ansatz der Betrachtung und Einordnung von Eltern und Kindern wählen.

Ich glaube, C. G. Jung hatte einmal gesagt: »Frage einen Mann, wie er seine Mutter empfindet und er wird dir sagen, wie er seine Frau behandelt.« Meine Erfahrung bestätigt diesen Satz voll. Unsere allerersten Erfahrungen in dieser Welt betreffen die Fragen, wer wir sind, was wir geben und wieviel Macht wir in Beziehungen haben. Die Antworten innerhalb der archetypischen Beziehung zwischen Eltern und Kindern bestimmen den Rahmen, die Struktur unserer Selbsterkenntnis, aus der sich manche unter uns ein ganzes Leben lang nicht befreien können.

Wenn wir indes verstehen würden, daß wir selbst uns von einer höheren Ebene von Einsicht und Kraftfülle aus wissentlich und willentlich in diese Situation begeben haben, könnten wir bereits die Lebensthemen erkennen und verarbeiten, die sich unsere Seele selbst zur bestmöglichen Entfaltung »verordnet« hat. Wir würden dann um so leichter in die

Initiationsprozesse eintreten, die mit der Erkenntnis zu tun haben, unsere selbstgewählten Lektionen nicht zu bekämpfen, sondern anzunehmen, zu erkennen, daß wir uns mitten in einer bedeutungsvollen Phase des Lernens befinden, daß die Menschen, mit denen wir uns auseinandersetzen, unsere »Lehrer« sind. Die vermeintlichen Gegner, die Bösewichte oder die mächtigen Autoritäten werden als großartige Lehrer erkannt, die wir in die Arme schließen. Damit werden die in jedem Menschen angelegten Energien aktiviert, uns stehen dann neue Energie- und Bewußtseinsebenen offen, und die Lebenspfade unserer Entwicklung offenbaren sich uns ganz wie von selbst. Wenn wir das verstehen, wenn wir es unmittelbar erleben und nicht etwa nur erdenken, werden wir schöpferisch, werden wir zu Mitschöpfern. Denn dann erkennen wir, daß wir uns frei entscheiden können das zu schaffen, was uns entspricht.

Und noch wichtiger: der Emotionalkörper wird aufgeladen. Da sich der Emotionalkörper nicht nach Zeit und Raum richtet, sondern in Wiederholungsmustern funktioniert, können wir ihm von der spirituellen Ebene der Seele her vermitteln, daß eine Erfahrung, ein Zyklus, abgeschlossen ist! Wir können auf der Ebene des Emotionalkörpers durchaus erfassen, daß wir zunächst Täter und dann Opfer waren, daß ein Kreislauf geschlossen ist, daß alle Rollen ausgespielt sind, und wir deshalb in der Spirale des Lebens aufsteigen können. Denn eigentlich ist es kein geschlossener Kreis und kein richtiger Kreislauf, und schon gar nicht eine Sackgasse, sondern vielmehr eine sich immer höher und stärker nach oben oder innen wendende Spirale.

Aufgrund neuer spiritueller Erfahrungen, aufgrund erlebter Bewußtseinserweiterung auf der Ebene der Seele kann auch der Emotionalkörper einsehen, daß er die Spiegelung durch Eltern, durch archetypische Situationen und festgelegte Rollen nicht weiter verfolgen muß, sondern sich vorwärts entwickeln kann. Der Emotionalkörper erfährt durch die neue spirituelle Energie eine Auflösung der alten Schlacken und ist gleichzeitig fähig, sich einer neuen, bislang noch nicht gekannten Energie zu öffnen, die ihn mit größerer Freude,

106

mit stärkerer Faszination immer weiter nach oben zieht. Der Emotionalkörper hört praktisch mit einem alten, langweilig und mühevoll gewordenen Tanz auf und wirft sich einem neuen Tanz in die Arme, dem Tanz in der Spirale, die zur Schöpferkraft führt.

7.

Manifestation in Afrika

Meine Arbeit wird in herausragender Weise dadurch gekennzeichnet, daß sie das Leben als Hologramm demonstriert. Ich gehe nicht morgens aus dem Haus, um neun Stunden zu arbeiten, um danach wieder in die Familie zurückzukehren, so daß also Arbeitsleben und privates Leben streng getrennt sind. Ich befinde mich auch während meiner Arbeit im Strom schöpferischer Energie, in einer Meditation meines Lebens. Eines Tages lag eine Klientin in meinem Behandlungsraum, und ich hatte meine Hände an ihren Kopf gelegt. Ich ließ mich einfach in den schöpferischen Raum treiben, ich ließ zu, daß sich das Bewußtsein meines eigenen definierten Körpers, meines eigenen Selbst und das Bewußtsein der Klientin auflösten, damit die Energie im Behandlungsraum verstärkt würde und sich ausweiten könnte. Ich wollte uns für Frequenzen anderer Dimensionen öffnen, für mögliche höhere Energieoktaven oder Führer, die uns geistig nähren oder leiten würden.

Ich fange nach einem persönlichen Gespräch jede Sitzung auf diese Weise an. Ich hielt also ihren Kopf und »reiste« durch verschiedene Bewußtseinsräume. Und während ich die Weitung des Bewußtseins in mir erlebte, die wie von einem Fließen von Strömen im Körper begleitet wurde, erhielt ich plötzlich eine telepathische Botschaft, es war sogar wie ein Befehl. Die Botschaft lautete: »Du mußt die Hopi nach Afrika bringen, um Regen zu machen.« Dieser Auftrag kam aus meinem höheren Selbst und drang durch alle Bewußtseinsdimensionen bis auf die irdische Ebene von Gemüt und Verstand.

Ich dachte mir, »was für eine unglaubliche Idee«. Die Hopi wissen um die Kunst, Regen zu machen. Seit mehr als 4000 Jahren bauen sie in der dürren Wüste Arizonas Mais an. Wie andere Indianerstämme in Nordamerika auch, kennen die Hopi eigene Riten, um Regen zu rufen, Klima- und Wetterkonstellationen zu benutzen, um so mit der Natur, mit Mutter Erde zusammenzuarbeiten. Ich habe sogar eigene Erfahrungen mit Regenriten. In der schon einmal erwähnten kleinen Sommerschule gingen wir ab und an an einem besonders sonnigen, wolkenlosen Tag nach draußen, um mit den Kindern den Regen zu rufen. Wir nahmen Töpfe und Pfannen und Löffel mit und machten damit Lärm, und sangen unterdessen die Wolken und den Regen an, zu uns zu kommen und uns zu berühren, uns zu küssen. In den sechs Jahren kam es kein einziges Mal vor, daß es nicht regnete, wenn die Kinder den Regen riefen.

Es gibt einen Hopiausspruch, der besagt: »Wenn dein Herz rein ist, wird es regnen.« Die Herzen von Kindern sind im allgemeinen rein und sie kennen keinerlei Grenzen. Wenn man ihnen sagt, »jetzt gehen wir alle los und machen Lärm und rufen den Regen«, dann regnet es. Diese Botschaft kam mir also nicht als eine völlig unmögliche Idee vor. Allerdings kannte ich keine Hopi, da ihr Land ziemlich weit von meinem Wohnort Galisteo entfernt liegt. Und außerdem kostet es natürlich sehr viel Geld, nach Afrika zu reisen.

Ich nahm also die Botschaft voller Zustimmung und Freude auf, da sie auf eine wundervolle Möglichkeit hinwies, schöpferische Kraft zu manifestieren. Es schien so eine einfache und natürliche Hilfe für die Menschen dort zu bedeuten, anstatt des ständigen Kampfes und der politischen Auseinandersetzungen zwischen verschiedenen Regierungen, Hilfsorganisationen und so weiter. Menschen starben (und sterben noch), weil es an Regen für ihre Feldfrüchte fehlt. Regen zu bringen schien mir wirklich wie die beste und einfachste Lösung, den Menschen das zu bringen, was sie am notwendigsten brauchten. Ich wurde also zwar von der Großartigkeit dieses Gedankens blitzartig erfaßt, ließ ihn aber dann wieder fallen, weil er mir letztlich nicht realisierbar erschien.

In den nächsten drei Tagen bekam ich einen Anruf von einer Klientin aus Texas, die ihre Sitzungen mit mir absagte. Statt dessen wollte ihr Cousin Larry Hall die Termine wahrnehmen. Er wollte mir unbedingt ein kleines Geschenk mitbringen. Er sagte, daß er Künstler sei und mit Federn von Indianern arbeite. Dieser Mann kam und brachte mir eine sehr schöne Federskulptur als Geschenk mit. Es stellte sich heraus, daß er vor vielen Jahren vom Hopistamm adoptiert worden war, von einer 82jährigen Frau, welche die letzte Tochter des letzten Sonnenhäuptlings der Hopi war. Sie und ihr Bruder lebten in einem besonders abgelegenen Hopidorf, hoch oben auf einer Mesa, über der Weite ihres Landes. Dort gab es keinen elektrischen Strom, keine modernen Annehmlichkeiten, da sie jedes Angebot der Bundesregierung oder der örtlichen Stellen ablehnten, solche Einrichtungen im Gegenzug für irgendwelche Zugeständnisse geschenkt zu bekommen. Sie wollten die traditionelle Lebensweise der Hopi bewahren. Da die beiden als Kinder des Sonnenhäuptlings geboren wurden, nahmen sie an den zyklischen Zeremonien rund um den blauen Hopimais teil. Dieser tatsächlich bläuliche Mais wird seit 4000 Jahren unverfälscht angebaut, ohne mit anderen Maissorten verzüchtet worden zu sein. Seit Generationen und Generationen werden die Samenkörner immer wieder gesammelt, bewahrt, gepflanzt, wird der Regen gerufen, die Reifung des Korns begleitet, um dann wieder von neuem in den Kreislauf von Frucht, Samen, Pflanze einzutreten. Dieser blaue Mais stellt ein Hauptnahrungsmittel im kargen Lebensraum der Hopi dar.

Als dieser Mann mir also von seiner Adoption durch die Hopifrau berichtete, erzählte ich ihm vom Auftrag meines höheren Selbst. Es traf sich, daß er auf dem Wege ins Hopiland zu seiner Adoptivmutter war. Er war bereit, ihr meine Gedanken vorzutragen. Die Synchronizität der Ereignisse wollte es, daß er gerade zu dem Zeitpunkt bei den Hopis ankam, als sie hinunter in ihre Kivas gingen, ihre halb unterirdischen Ritual- und Gebetsplätze. Sie wirkten wie ein Schoß, der in die Erde eingebettet ist. Nur einmal im Jahr gehen sie dort hinein, um Gebetsfedern zu weihen, die der

Anrufung des Regens dienen. Gerade zur Zeit seiner Ankunft bei den Hopis stimmten diese sich also auf die Natur und auf den für den Maisbau notwendigen Regen ein.

Er sprach mit ihnen über die Idee, nach Afrika zu gehen. Er sprach über die anhaltende Dürre und den Hunger dort. Die Hopi bereiteten daraufhin in ihrem Kiva nicht nur Gebetsfedern für sich selbst, sondern auch für Afrikaner vor. Der Bruder von Caroline, der alten Hopi-Adoptivmutter meines Klienten, war ein Medizinmann, der letzte »Hopi-Großvater«, wie man es dort nennt. Er sagte, daß er den Hopiboden, das Land unter seinem Schutz und seiner Führung, nicht verlassen dürfte. Aber er schlug vor, daß er Caroline nach Afrika schicken würde, um dort die Riten und Zeremonien durchzuführen, die zum Regengebet gehören. Er unterwies also Caroline und Larry in diesem Regenritual. Darin liegt etwas Außerordentliches: in der ganzen Hopigeschichte hatte bis dahin noch nie eine Frau das Regenritual vollzogen. Er aber beauftragte Caroline im Namen des Hopivolkes, den Afrikanern Regen zu bringen.

Nach der Unterweisung von Caroline und Larry begannen wir alle eine Zeit der geistigen Vorbereitung und fasteten auch, um unsere Herzen zu reinigen. So wie es bei den Hopis heißt: »Wenn dein Herz rein ist, dann wirst du Regen rufen können.« Es gab noch eine ganze Reihe besonderer Vorbereitungen für die zunächst nicht als realisierbar gehaltene Reise nach Afrika. Wir hatten in der Zwischenzeit herausgefunden, daß die Reise insgesamt zwischen zwölf- und fünfzehntausend Dollar kosten würde! Caroline, Larry, ich und mein jüngstes Kind, Bapu, sollten reisen. Ich hatte Bapu im Meer geboren und die Hopi hatten ihm, der besondere Gaben mit sich brachte, bereits einen Hopinamen gegeben: Palolocamu, was Wasserschlange bedeutet. Die Hopi meinten, daß seine Gegenwart für das Regenritual eine besondere Bedeutung habe. Wie dem auch sei, wir standen vor dem Problem, das nötige Geld zusammenzubringen, es zu »manifestieren«, denn weder ich noch Larry hatten Geld.

Ich stellte einen Kontakt zu der Organisation her, die mit Rock- und Popkonzerten viele Millionen Dollar für die Hilfe in Afrika gesammelt hatte. Sie antworteten, daß sie nicht wüßten, was mit dieser Hopifrau anzufangen sei. Ich versuchte ihnen zu erklären, daß sie Caroline nur nach Afrika schicken müßten, Caroline würde dort ganz selbständig ihr Regenritual durchführen. Die Leute dort konnten sich das überhaupt nicht vorstellen, weil es nicht in ihr Denkschema von der Hilfe mittels Verteilung von Nahrungsmitteln in Dosen oder der Installation von Latrinen paßte. Sie gaben übrigens letztlich ihr Geld für den Bau von Latrinen aus. Diese Gespräche stellten eine sehr interessante Erfahrung dar, weil sie die unterschiedliche Auffassung von Lösungen für Probleme so deutlich machten. Echte Lösungen sind Grashalmen vergleichbar: sie sehen sehr einfach und schlicht aus, und sind doch in bestimmter Weise die wunderbarsten und komplexesten Schöpfungen.

Ich meditierte jeden Tag und stellte mir vor, daß wir alle nach Afrika reisten. Ich erzeugte und strahlte die Energie aus, diese Reise zu verwirklichen, obwohl ich keine Vorstellung hatte, wie dies geschehen könnte und obwohl ich auch keine Personen oder Gruppen kannte, die sich mit Geld beteiligen wollten. Die Cousine von Larry, die damals ihre Sitzung mit mir abgesagt hatte, hörte von unserem Projekt und entschloß sich, das Geld dafür zu geben. Sie schenkte uns also diese fünfzehntausend Dollar, die ihr keinerlei steuerliche Abschreibungsmöglichkeiten oder irgendwelche anderen Vorteile boten. Sie spürte lediglich, daß sie Teil jenes Energiewirbels war, der sich um dieses Projekt entwickelte, um aus dem nichtmanifestierten Formlosen etwas Neues, Schöpferisches zu erzeugen.

Anfang Mai 1985 brachen wir also wirklich aus dem Südwesten der USA nach Afrika auf. Wir reisten nach Somalia, weil es zu jener Zeit aus politischen Gründen praktisch unmöglich war, nach Äthiopien zu fliegen, obwohl dort die Not wohl am größten war. Wir wählten Somalia, das an der Ostküste Afrikas liegt, damit wir den Regen vom Osten quer durch Somalia, Äthiopien und den Sudan weiter nach Westen lenken könnten.

In Somalia halfen uns viele Menschen, zum Beispiel mit

der Bereitstellung von Fahrzeugen. Wir fuhren in eine Gegend, in der landwirtschaftliche Versuchsstationen waren. Wir wurden von den Dorfvätern in einem kleinen Ort begrüßt, um den herum Maisfelder lagen. Als ein weiteres Zeichen perfekter Synchronizität war eines dieser Maisfelder noch nicht bestellt worden. Hier waren wir nun unter der glühenden Hitze Afrikas, in einem abgelegenen Dorf mit wenigen Hütten aus Lehm und Stroh. Und hier stand Caroline im vollen Ornat traditionsreicher Hopimedizinmänner. Dazu gehörte eine Wolldecke mit schwarz-rot-grünem Muster, ein weißer Rock mit Türkisen, die als »Himmelssteine« besondere Energie ausstrahlen, und all die anderen Insignien und Symbole der Kraft, die zum Regenritual der Hopis gehören.

Auch noch nach unserer Ankunft in Afrika fasteten wir. Wir aßen nur sehr wenig Gemüse und etwas vom blauen Mais der Hopi. Dieser Mais wird gemahlen und verfügt über große Nährstoffenergie. Das paßte auch deshalb gut, weil ich Bapu immer noch ab und an stillte und ein Mehlbrei aus diesem blauen Mais gleichzeitig Bapus erste feste Nahrung in Neumexiko gewesen war. Damit fiel es uns nicht schwer, in Afrika herumzureisen, weil wir uns mit genügend Leinenbeuteln mit Maismehl ausgestattet hatten. Das konnten wir einfach in Wasser einrühren und trinken. Insgesamt hatten wir knapp drei Wochen lang vor dem Regenritual auf diese Weise gefastet.

In der Nacht vor der Zeremonie legte Caroline ihre Gebetsfedern und ihre anderen mit der Kraft des Regenzaubers geladenen Gegenstände aus. Diese Federn nennen die Hopi übrigens »Pahos«. Und diese 82jährige Frau, welche die ganze Zeit hohe Stiefel trug, weil sie in ihrer Jugend von einem Auto überfahren wurde und Beinverletzungen davontrug und die außerdem unter Artrithis litt, hatte sich schon während der Reise über alle Unbequemlichkeiten und körperlichen Beschwernisse hinweggesetzt. Und nun saß sie die ganze Nacht vor dem Ritual vollkommen aufrecht, sackte kein einziges Mal in sich zusammen, sie saß in völliger Stille und Ruhe, ohne sich auch nur einmal zu bewegen oder ihre Beine·

auszustrecken – obwohl ich durch meine Körperarbeit weiß, wieviel Schmerzen sie in ihrem Bein gehabt haben muß. In dieser letzten Nacht also saß sie still und stumm wie ein Stein, ganz in das Gebet um Regen versenkt, auf die Reinheit ihres Herzens und die Reinheit der Gabe ausgerichtet, die nur bei untadliger innerer Haltung möglich waren. Sie war die Abgesandte ihres Volkes, eines »roten« Volkes, die in diesem von der Dürre heimgesuchten Land dem »schwarzen« Mann eine Gabe zu überbringen hatte.

Am nächsten Morgen gingen wir mit den Dorfvätern zum unbestellten Feld. Wir hatten etwa 40 Pfund Samenkörner vom blauen Hopimais mitgebracht. Caroline selbst hatte jedes einzelne dieser Körner aus den Maiskolben herausgelöst, die für Afrika bestimmt waren. Caroline und ich, die einzigen Frauen unter Männern, setzten uns dann auf den Boden und Caroline begann, zu den Afrikanern zu sprechen. Am Anfang war ihnen alles, glaube ich, nicht ganz geheuer – eine indianische Frau mit Federn und allerlei rätselhaften Gegenständen und Gerätschaften mitten unter ihnen. Caroline sagte: »Ich bringe etwas von meinem Volk für euer Volk, damit ihr erfahrt, daß ihr nie zu hungern braucht.« Sie hob dann einen besonderen Fächer aus Adlerfedern empor. Adler gelten bei den meisten Indianern in Nordamerika als Träger außerordentlicher Kraft. Sie erklärte den Dorfvätern, daß sie Regen rufen wolle, um ihnen zu zeigen, daß so etwas möglich sei. Und sie erzählte ihnen, daß diese besonders schönen purpurviolettfarbenen Maiskörner seit 4000 Jahren ein unverfälschtes Lebensmittel für die Hopis darstellen. Die Afrikaner zeigten sich darüber sehr erstaunt, sie vergaßen ihre Irritation über Carolines seltsame Erscheinung und ihre eigenartigen Rituale. Und obwohl sie sehr wenig darauf vorbereitet waren und sehr wenig darüber wußten, was Caroline vorhatte, waren sie doch fasziniert von der Mitteilung, daß die Hopi Generation nach Generation dieselbe Art Mais hatten anbauen können!

Caroline sprach über den Kreislauf des Lebens, über den Zyklus von Geburt, Tod und Zeugung. Sie sprach davon, daß die Afrikaner zu den zukünftig wachsenden Maispflanzen singen sollten, wenn sie Maiskörner in die Erde pflanzten, sie sprach von der Liebe, die man auch in der Feldarbeit der Natur gegenüber zum Ausdruck bringen müsse. Das Lachen ihrer Augen, das Licht auf ihren Gesichtern zeigte, daß sie verstanden, was Caroline meinte. Sie konnten aus eigener Erfahrung verstehen, wie wertvoll Liebe, Zärtlichkeit und Gesang für jedes neue, junge wachsende Leben ist. Das gegenseitige Verstehen schuf ein Band zwischen Caroline und diesen Afrikanern.

Diese wunderschöne, magisch wirkende Frau, die nur knapp 1,50 m groß ist, stand nach ihrer kleinen Ansprache auf. Sie erhob ihre Federn, sprach ihre Gebete, in den Osten, in den Süden, in den Westen und in den Norden, zum Vater Himmel und zur Mutter Erde, zu allen Kräften, um die Energie herbeizurufen, dann steckte sie die Gebetsfedern, die weiche Daunen von der Brust eines Adlers sind, in den Boden des zukünftigen Maisfeldes und des kleinen Gebetsplatzes, dann streute sie gelbes Maismehl aus, das als Träger der Gebetskraft gilt, und hielt schließlich einfach die Adlerfedern ihres Fächers zum Himmel.

Der blaue Himmel, den wir seit unserer Ankunft erlebt hatten, verdunkelte sich, in unglaublicher Geschwindigkeit bildeten sich Wolken, und erste Regentropfen begannen zu fallen! Daraufhin begann sie, die Maiskörner im Boden einzupflanzen. Sie machte etwa 30 cm tiefe Löcher, also tiefer als normal, und legte die Maiskörner hinein. Sie zeigte diesen afrikanischen Dorfvätern auf ziemlich autoritäre Weise, was recht lustig zu beobachten war, ganz genau, wie sie die Maiskörner pflanzen sollten. Und bei dieser Pflanztiefe kann man eigentlich nicht erwarten, daß sich in den ersten zwei Wochen irgend etwas rührt. Bald waren das ganze Feld und auch die Erde rund um den Gebetsschrein bepflanzt. Es begann so heftig zu regnen, so sehr in Strömen vom Himmel herunterzukommen, daß wir nicht mehr mit dem Jeep zu unserem Wohnort an der Küste zurückgelangten. Wir mußten über Nacht in einem Nachbardorf bleiben, in dem es zwei Hütten mit einem festen Zementboden gab.

Entsprechend den Gesetzen des Hopirituals mußten sie

drei Tage lang jeden Tag zurückkehren, um am Gebetsplatz die vorgeschriebenen Gebete zu sprechen. Und an den beiden ersten Tagen versuchten wir zwar, ins Nachbardorf aufzubrechen, kamen aber wegen der anhaltenden Regenfälle nie ganz bis dorthin. Wir blieben im Schlamm stecken und mußten teils zu Fuß zurückkehren. Also stand sie im Nachbardorf und richtete ihre Gebete zum Schrein hin. Am dritten Tag gelangten wir nach einer mühevollen Fahrt, bei der wir mehrfach unseren steckengebliebenen Jeep aus dem Schlamm befreien mußten, nahe genug an das Feld, um zu Fuß hinzugehen. Und dort sah ich zu meiner Überraschung, daß sich um den Schrein herum schon die ersten grünen Maispflänzchen zeigten; in drei Tagen hatten sie gekeimt und waren etwa 3 cm aus dem Boden hervorgeschossen. Es war einfach ein Wunder. Überall standen diese zarten grünen Pflänzchen mit jeweils zwei Blättchen zu jeder Seite des Stengels. In unserer westlichen intellektuellen Sicht war dies ein » Wunder«.

Es gab keine rationale Erklärung dafür, daß ein derart tief gesätes Maiskorn in drei Tagen keimen und so weit nach oben schießen könnte. Dieses »Wunder« geschah, um zu demonstrieren, zu manifestieren, daß Menschen mit jener besonderen Energie Regen rufen können, daß sie nicht hungern müssen.

Es war eine Zeit und ein Erlebnis, die demütig machten. Als wir uns zum Abschied mit den Dorfvätern versammelten, mußten das begrenzte Gemüt und der rationale Verstand wiederum eingestehen, Zeuge von etwas »Unmöglichem« geworden zu sein. Etwas an und für sich Undenkbares war dennoch geschehen, hatte vitale Existenz angenommen und war für jedermann klar sichtbar und greifbar. Beim Abschied stand Caroline zum letzten Mal am Gebetsplatz und lenkte von dort den Regen westwärts, indem sie ihr goldgelbes Maismehl in diese Richtung warf. Jeder von uns durfte sich daran beteiligen, sogar Bapu, der damals erst 9 Monate zählte. Bapu begriff instinktiv, worum es ging, und griff in Larrys Hand, in der dieser das Maismehl hielt. Dann warf Bapu auch Maismehl in eine westliche Richtung und fügte damit seine

Liebe, sein Verstehen dem Ritual bei. Danach verließen wir Afrika.

Später gelang es uns, meteorologische Daten von verschiedenen Meßstationen zu sammeln, die auf wundervolle Weise die Geschehnisse bestätigten. Im nachhinein stellte sich das Geschehen so dar: als der Regen über dem Feld begann, hatte sich ein mysteriöser Sturm zusammengebraut, aus einer Richtung, aus der in diesem Küstenstrich Ostsomalias bisher noch nie Stürme beobachtet worden waren. Aus unerklärlichen Gründen also erhob sich ein Sturm aus dieser Richtung, zog quer über Somalia und Äthiopien zum Sudan und weiter westwärts. Mit sich brachte er, inmitten der anhaltenden Dürre jener Jahreszeit, Regen, der während der nächsten drei Monate immer wiederkehrte. Nach Angaben des Außenministeriums hatten diese Landstriche Afrikas den besten Regen seit sieben Jahren. Es waren übrigens keine zerstörerischen Regenfälle, die Erde fortschwemmten, sondern fruchtbarer Regen, der ganz genau überall dort fiel, wohin Caroline ihn gelenkt hatte.

Leider haben wir keine neueren Informationen mehr darüber, wie sich der Mais inzwischen entwickelt hat, obwohl wir AID, eine bestimmte landwirtschaftliche Organisation, die in dieser Region tätig ist, darum gebeten hatten. Der blaue Hopimais ist für solche dürren Landstriche deshalb besonders geeignet, weil er sehr wenig Wasser braucht, in karger Erde wächst, und dennoch einen nährstoffreichen Ertrag bietet. Inzwischen ist übrigens ein ähnliches Projekt im Gange, »historisches« dürreresistentes Saatgut, das durch Jahrhunderte von Indianern kultiviert wurde, nach Afrika zu bringen – unter dem Motto: »Der rote Mann ernährt die Schwarze Welt« (The red man feeds the black world.). Dan Carlsons Methode des »sonic bloom« und die Anwendung in einem Indianerpueblo hier in der Hochwüste sind dafür der Anstoß gewesen.

Wie will, wie soll man diese Manifestation von Gebetsrufen und Willenskraft verstehen? Caroline wurde eins mit den Elementen der Natur, sie verschmolz mit dem schöpferischen Impuls, der die Natur bewegt, sie öffnete sich den Bewußtseinsenergien einer anderen Dimension. Wir alle sind in Wahrheit nicht von der Welt und den Kräften, die sie bewegen, getrennt. Wir alle könnten an der Manifestation, an der absichtsvollen Offenbarung dieser Kräfte teilhaben. Wir bestehen aus denselben Elementen, aus denen auch die Natur besteht. Das Wasser in unserem Körper gleicht dem Wasser im Meer. Wie Insekten und Vögel und andere Tiere es tun, könnten auch wir jene Sphären unseres Gehirns aktivieren, die in der Lage sind, Wetterkonstellationen zu erfassen.

Wenn wir selber etwas manifestieren wollen, müssen wir uns auf höhere Oktaven einstellen. Die Hopi vollziehen dies mit ihren Ritualen. Andere »Eingeborenen«-Kulturen in der ganzen Welt tun es auch, nur wir haben den Kontakt zu diesen Ebenen verloren. Wenn wir diesen Kontakt wiedergewönnen und jene schlummernden Sphären unseres Gehirns aktivieren, könnten wir Wissen und Erkenntnisse über alles erlangen, was wir uns wünschen.

Ein kleines Beispiel aus der letzten Zeit will ich dafür kurz anführen. In den Bergen in der Nähe von Galisteo war vor kurzem ein junger Mann gestorben. Leute wurden ausgeschickt, um seine Leiche zu suchen. In jener Zeit bildete ich gerade zwei junge Männer aus, und es ging unter anderem auch darum, in sich selbst Wissen um die Dinge in der Welt aufzufinden. Sie lernten eine bestimmte Art der Schädelarbeit, eine tiefgreifende »Kopfmassage«, die auch für die Einstimmung auf den Umgang mit Wünschelrute und Pendel geeignet ist.

Wasseradern oder verlorengegangene Gegenstände zu finden ist kein Talent, das nur wenige Ausgewählte besitzen. Jedermann kann diese Fähigkeit, zumindest in bestimmtem Maße entwickeln. Die Kinder meiner Sommerschule lernten zum Beispiel auch den Umgang mit der Wünschelrute, mit Ausnahme der ganz Kleinen, die eine Astgabel oder eine Rute nicht richtig halten konnten. Die Kinder hatten dabei sehr schöne Erfahrungen, wenn eine unsichtbare Energie plötzlich ihre Wünschelrute nach unten zog. Und so wie wir uns beim Gehen mit der Wünschelrute zum Beispiel auf fließendes

Wasser einstellen, so werden bei dieser Schädelarbeit auch Energieflüsse erspürt und als Mittler von Information benutzt. Alle Körperflüssigkeiten sind Teil unseres elektromagnetischen Feldes und damit nutzbar, um – wenn man sich in der richtigen Weise abstimmt – Orte der Energie zu erfassen und intuitive Erkenntnisse weiterzuleiten. All dies ist ein sehr greifbarer, körperlicher Aspekt der uns innewohnenden Bewußtseinskraft, die potentiell Zugang zu allen Ebenen hat.

Wir besorgten uns also topographische Karten und benutzten Pendel, um die Leiche zu finden. Zu jener Zeit kannte ich nicht den Namen der betreffenden Person, sondern lenkte die Aufmerksamkeit der beiden jungen Männer nur auf die Frage: »Wo ist die Leiche?« Sie gingen dann hinaus in die Berge und wurden durch das Pendeln über den Karten und durch das Gehen mit Wünschelruten direkt an einen Platz geführt, an dem sie einen Schädel fanden. Allerdings handelte es sich dabei nicht um den gesuchten jungen Mann, sondern um den Schädel einer Frau, die ermordet worden war. Unser Wissen von innen hatte uns also an den Ort geführt, wo ein Mensch gestorben war, allerdings hatten wir die Frage nicht präzise genug gestellt.

Ich will am Schluß kurz auf einen Unterschied zwischen dem »positiven Denken« und der »Manifestation« eingehen. Positives Denken benutzt das Gemüt durch ständige Wiederholung eines bestimmten Gedankens, den Willen bewußt darauf auszurichten. Durch den so wie in einem Brennglas gebündelten Willen wird eine Prägung angestrebt, z. B. daß eine bestimmte Situation wundervoll sei oder daß sich ein bestimmtes Geschehen wirklich ereignen wird. Es handelt sich dabei um die Projektion eines Gefühls, einer Sinneserfahrung oder einer gemüthaften Ausrichtung, die zu einer Bekräftigung der Absicht führen sollen.

Ich aber spreche über die Kunst der Manifestation, die uns als Menschen vom Anbeginn der Zeiten innewohnt. Ich spreche nicht über Alchemie, die ein Teil der Wirkungsweise positiven Denkens ausmacht. Denn dabei geht es »nur« um den Willen, um Gemüt und Verstand, die zweifellos sehr mächtig sind und etwas aufbauen können. Aber wir tragen die Chance in uns, in das höhere Gemüt, in höhere Dimensionen von Willen und Verstand vorzustoßen: in jene holographischen Bewußtseindsdimensionen, in denen wir bewußten unmittelbaren Kontakt mit Gedankenformen, Körpern, Naturkräften oder Vorstellungen aufnehmen können. Der Unterschied liegt also darin, daß man sich bei der Manifestation über die individuelle Persönlichkeit erhebt!

Noch ein Randgedanke in diesem Zusammenhang: es gibt einen Unterschied zwischen unserer früheren Handhabung von Alchemie, bei der wir personale Kräfte einsetzten, um der Natur oder anderen Menschen unseren Willen unter Einsatz von Magie aufzuzwingen, und jenem neuen Ansatz, den ich am Beispiel von Caroline beschrieben habe. Auf der einen Seite haben wir das Streben nach Kontrolle über Naturgesetze, wenn wir zum Beispiel Eisen in Gold verwandeln wollen: also das Bemühen um Macht. Auf der anderen Seite steht die Bewußtseinsöffnung und -erweiterung, in der nichts mehr von uns getrennt ist. Diese Öffnung erlaubt uns, Wissen aufzunehmen und uns in den natürlichen Energiefluß schöpferischer Synchronizität von Wünschen, Gedanken und Ereignissen ziehen zu lassen. Darin liegt dann eine Kunst der Vervollkommnung und der Vollkommenheit.

Gemüt und Verstand sind die Grenzen dieser Welt. Die Grenzen liegen nicht draußen, im Weltraum, sondern in uns selbst. Wenn man beginnt, bewußt an schöpferischen Prozessen teilzunehmen, wird das die Sicht unserer Entwicklungsmöglichkeiten, unserer freien Entscheidung, unserer willentlichen Wahl zukünftiger Umstände und Begebenheiten wandeln. Wir werden dann verstehen lernen, daß wir in der Tat den Regen rufen können. Hinter dieser Bewußtseinserweiterung, hinter dieser bewußten Teilhabe an der Schöpfung wirkt die Yin-Energie, jene großartige »weibliche« Anima-Kraft, welche im Spiralwirbel des Nichtmanifesten, des Formlosen verborgen ist. Diese Kraft, ein Teil derer von manchen Psychologen auch als das Unbewußte bezeichnet wird, ist mit der göttlichen Kraft, mit der Schöpferkraft identisch. Wir leben auf diesem Planeten Erde in einer historischen Zeit, die danach verlangt, diese Kraft in schöpferischer Manifestation ganz praktisch in unserem Alltagsleben zu benutzen und zu offenbaren. Diese weibliche Energie, diese intuitive, formlose Kraft, diese innere Weisheit können wir jetzt auf neue Weise erfahren und anwenden.

8.

Die Explosion des Weiblichen

Das Wesen der Yin-Energie setzen wir meistens mit dem Weiblichen gleich. Aber mehr oder weniger können wir alle diese Energie erspüren, die aus dem Formlosen entspringt, wenn wir nicht nur im rationalen Bereich verharren. Es ist jene fast unbeschreibliche »weiche Kraft«, welche die Tibeter als »Träger der Form« bezeichnen – in moderner naturwissenschaftlicher Terminologie könnte man diese Kraft auch als »das Feld« bezeichnen. Ich mag dieses Bild der Tibeter, weil es die Vorstellung von einem immensen wundervollen Ball oder Raum hervorruft, der von einer herumwirbelnden Dunkelheit erfüllt ist, aus der sich noch keine feste Form gebildet hat. Vom Anbeginn der Zeiten an hatten das Weibliche und das Männliche in allen Kulturen sehr unterschiedliche und scharf voneinander getrennte Rollen. Wir haben selbst die Vorstellungen und Gedankenformen darüber, was »weiblich« und was »männlich« ist, definiert und lange Zeit mehr oder weniger unverändert beibehalten. Aber in den letzten Jahren und Jahrzehnten sind diese Festlegungen mehr und mehr zerbrochen, und etwas völlig Neues ist im Begriff, sich zu entwickeln und die Stagnation unserer begrenzten Wirklichkeit explosiv zu durchbrechen.

Die Explosion des Weiblichen bedeutet einfach, daß das Formlose, das unseren Blicken verborgen blieb, daß diese Energie, die wir weder spüren noch sehen noch nutzen konnten, jetzt plötzlich an die Oberfläche jenes dunklen Strudels kommt. Sie gewinnt eine lebendige Form, sie schießt hervor aus dem Strudel von Dunkel und Unbewußtheit, sie manifestiert sich in dieser Welt, sie zwingt uns, die ihr innewoh-

122

nende Energie zur Kenntnis zu nehmen. Dadurch werden wir angeregt – gleich, ob männlichen oder weiblichen Geschlechts –, mit dieser Energie in Verbindung zu treten, sie in uns aufzunehmen und schöpferisch zu nutzen.

Es gibt einige amüsante Aspekte in bezug auf unsere Vorstellung von Gott. In einer einzigartigen Egozentrik befangen, glauben wir, daß Gott wie wir selbst ein Zweibeiner sei. Und darüber hinaus empfinden wir Gott, Sonne, Himmel und andere »göttliche Repräsentanten« als männlichen Geschlechts. In allen romanischen Sprachen werden wir finden, daß Gott, Sonne und Himmel als männlich gelten. Dabei kann die schöpferische Kraft gar nicht allein maskulin sein, da es die Yin-Energie ist, die Frau, das Weibliche, die gebären. Es ist die weibliche Kraft, die aus der ungeformten, nicht erkennbaren verwirbelten Energie erst Form hervorbringt.

Am Rande sei notiert, daß in der deutschen Sprache die alte Erkenntnis, daß schöpferische Kraft zunächst und vor allem weiblich ist, im Begriff »die Sonne« und »der Mond« weiterlebt. Aus den Forschungen über das Vordringen der römisch-christlichen Eroberer wissen wir, daß diese im Rahmen eines Kultur- und Religionskampfes gegen alte keltische Traditionen Götter und Göttinnen »umwidmeten«. Der Sonne wohnt ja das lebensspendende, nährende Prinzip inne, welches das Wesen des Weiblichen ausmacht.

Der Vorgang der Empfängnis ist ein gutes Beispiel, um das Gesagte zu veranschaulichen. Die Konzeption ist ein Vehikel, ein Instrument der Manifestation von Energie. Konzeption ist ein Instrument der Schöpfung, ein Gefährt Gottes. Denn im Moment der Empfängnis ereignet sich die Explosion des Formlosen in die Form, geschieht die Verschmelzung beseelter, aber unsichtbarer Kräfte in einer Weise, daß sie sich als ein Ganzes in der irdischen Form offenbaren. Es gilt, daß wir bewußt und willentlich an dem Vorgang und dem Ereignis der Empfängnis teilhaben. Wir müssen in uns Bewußtseinsebenen erreichen, unser Bewußtsein so erweitern, daß wir lernen, mit dieser göttlichen Energie auch im Augenblick der Empfängnis umzugehen.

Selbst wenn wir am üblichen Konzept der Empfängnis

festhalten, ohne unser Bewußtsein darüber hinaus zu erheben, daß ein Samenfaden auf ein Ei trifft, mit ihm eins wird und durch die später folgende Zellteilung diese Explosion bislang nichtmanifestierter Energie in irdische Form stattfindet, selbst dann können wir lernen, mit diesem Augenblick bewußt umzugehen. Denn wenn wir den Vorgang der Explosion des Lebens, wie er durch die Empfängnis eingeleitet wird, beherrschen, dann können wir mit derselben Energie eine Blume schaffen, Regen rufen, radioaktive Verschmutzung auflösen, ein Erdbeben aufhalten – kurz: wir können dann bewußte Mitarbeiter am schöpferischen Plan für unseren Planeten werden.

Der Aufbruch einer Zelle in ein größeres Universum, in ein höheres Bewußtsein – das ist auch die Grundlage meiner Arbeit. Es geht darum, daß wir die Gesetze der Empfängnis erkennen und verstehen lernen, die Gesetze vollkommenen Verschmelzens, so daß wir aus dem großen Vakuum formloser Energie schöpfen und manifestieren können. Wir lassen dann durch den »Trichter« der Konzeption die »Leere« in eine Form »hereinregnen«. Als Mutter von sechs Kindern verfüge ich dabei über eine gewisse Erfahrung, zumal ich über bewußte Empfängnis hinaus zum Beispiel meinen jüngsten Sohn Bapu ohne jede Hilfe eines Arztes oder einer Hebamme allein im Meer zur Welt gebracht habe.

Empfängnis ist das Modell der Schöpfung, sie ist das Modell energetischer Wirkungen. Deshalb sprechen wir in diesem Zusammenhang auch von der Explosion des Weiblichen. Die weibliche Energie bleibt nicht länger formlos im dunklen Unbewußten, sie bleibt nicht mehr länger unsichtbar in einem kulturellen und gesellschaftlichen Vakuum, sondern sie bricht hervor, sie manifestiert sich in mannigfaltiger und schöpferischer Weise. Unser Bewußtsein beginnt sich allmählich darauf einzustellen, auch weniger Greifbares wahrzunehmen, Wirklichkeiten auch dann als real zu begreifen, wenn sie sich in unbekannten Formen äußern. Zu diesen Wirklichkeiten gehören zum Beispiel Telepathie, intuitive Erkenntnis, das höhere Selbst, und natürlich auch die subtile Energie umfassender Liebe, die für diese Erde besonders notwendig ist.

Da die Frau nun seit jeher Trägerin dieser Liebe war, da sie die Funktion jenes Hervorbringens von neuem Leben inne hatte, da sie es war, die das neue Leben nährte, beginnen jetzt Frauen zu erkennen, daß sie selbst das Muster der Schöpfung in sich bergen, daß sie selbst »Modell« für die Manifestation sind. Anstatt Männer nachzuahmen, typisch männliche Macht übernehmen zu wollen, anstatt also den Menschen, der Natur und den Lebensumständen den eigenen Willen aufzuzwingen, und den eigenen Aufstieg mit dem Fall anderer zu erkaufen, erlernen wir jetzt einen neuen Tanz. Wir erlernen einen femininen Tanz, den Tanz des Weiblichen. Es ist der zarte, liebevolle, pulsierende Tanz des Lebens – eines Lebens, das sich ausbreitet, das auf allen Ebenen des Bewußtseins Resonanz findet, das mit anderen Lebensformen kommuniziert – eine Kommunikation zwischen uns und den Göttern, uns und unseren Kindern, uns und unserer Umwelt, uns und der Natur, und auch zwischen uns selbst in uns selbst.

Diese Fähigkeit des Ausdrucks, des Austauschs, der Formgebung ist eine weibliche Energie, wie wir sie bei Empfängnis und Geburt erleben. Ich benutze als Vergleich des »weiblichen Tanzes« mit dem »männlichen Tanz« gern das Bild von Schalentieren. Der Mann hat einen Schutzpanzer, er verfügt über Stärke, er verkörpert das äußere Leben. Er geht mit seiner Kraft nach außen, er beweist sich in der Welt, er verkörpert die Yang-Energie. Diese Kraft äußert sich im Streben nach klaren Strukturen, nach genauer Definition, und damit begrenzt sie auch, sie führt zu Verkrustungen. Die Frau trägt diese Schale, diese »Verkrustung« einer Struktur, die Erkenntnis der Gesetze, in sich. Diese innere Struktur erlaubt es der Frau, intuitives Wissen aufzunehmen, sich auf kosmische Gesetze einzustellen, sich der göttlichen Schöpferkraft unmittelbar zu öffnen.

Die Yang-Kraft strebt nach außen, aber im Inneren ist es für den Mann schwerer zurechtzukommen, da er diese direkte Verbindung zur höheren Kraft in sich selbst nicht ohne weiteres aufnehmen kann. Die Frau ist nach außen hin eher weich, sie ist nach außen hin empfänglich und gibt sich selbst eher auf, aber im Inneren befindet sie sich in Übereinstimmung mit den Gesetzen der Schöpfung. Wir haben uns bis zum jetzigen Zeitpunkt in einer Weise entwickelt, die geradezu von uns fordert, uns an den Schöpfungsprozessen aktiv und bewußt zu beteiligen. Die Yin-Kraft nimmt an Stärke zu und wird immer mehr als schöpferische Kraft anerkannt. Wurde sie lange Zeit übersehen oder gar unterdrückt, öffnen sich jetzt mehr und mehr Menschen – gleich, ob Frauen oder Männer – dieser »weichen« Energie.

Wir betrachten damit eine Situation außerordentlicher Vollkommenheit, die sich auf der Ebene der Polarität abspielt. Diese Situation wird durch scheinbare Trennung von Weiblichem und Männlichem gekennzeichnet, durch Spaltung, durch Unterschiedenheit. Es handelt sich dabei um eine Art Experiment aus diesem Planeten, man könnte auch sagen, um eine Erfahrungssituation, durch die wir etwas lernen sollen.

Auch wenn es vielleicht manche Leser überrascht: diese Trennung von weiblichen und männlichen Körpern gibt es nicht auf allen Bewußtseinsebenen oder auf allen anderen Planeten, es gab sie sogar noch nicht einmal zu Beginn des menschlichen Lebens auf diesem Planeten Erde. Selbst kurz nach der Empfängnis hat das neu entstehende Leben noch keine spezifischen Geschlechtsmerkmale. Und auch der Lebensursprung, wie ihn die Bibel beschreibt, kennt zumindest in der ersten kurzen Zeitspanne die Antagonismen zwischen Mann und Frau nicht (bis zum durch die »Schlange« angeregten »Sündenfall«, der ja letztlich nichts anderes bedeutet als den – erfolgreichen – Versuch des Egos, »mehr« als das göttlich vollkommene Paradies zu erleben.) Jetzt finden wir uns auf jeden Fall in einem Körper vor, der geschlechtsspezifisch festgelegt ist.

Die Vollkommenheit auch dieser Situation der Getrenntheit liegt nun darin, daß sich beide nacheinander sehnen. Jahrhundertelang haben wir dieses Spiel gespielt, daß die Frau den Mann sucht und der Mann die Frau, um sich gegenseitig zu ergänzen. Ohne den jeweils anderen konnte weder der Mann noch die Frau überleben. Und nun beginnt sich zum ersten Mal seit Jahrhunderten eine Verschmelzung beider Pole anzukündigen. Sie hat noch nicht stattgefunden, befindet sich aber im Stadium der Vorbereitung. Wir sind genau an dem Punkt des Lebenszyklus' angelangt, an dem das Weibliche sich bewußt und aktiv auch in der äußeren Welt offenbart, an dem Frauen sich auch der Yang-Kräfte bedienen, und zugleich Männer in sich selbst, unterhalb ihrer machtvollen Schale, etwas Neues entdecken. Sie entdecken die Lebenskraft, die manchmal auch Shakti genannt wird, diese weibliche schöpferische Kundalinikraft. Männer entdecken, daß sich in ihnen etwas bewegt, sie beginnen dieses »Etwas« zu suchen und zu erforschen. Sie suchen nach der Zärtlichkeit in sich, nach dem Weiblichen in sich.

Wenn wir nun das Element von Zeit aus diesem Evolutionsprozeß entfernen könnten und ihn bereits ganz überblickten, würden wir begreifen, daß sich diese Verschmelzung schon ankündigt – trotz und durch alle sexuellen Verwirrungen und Krankheiten. Und wir würden bemerken, daß diese Ahnung der bevorstehenden Einswerdung der Pole eine Erinnerung in uns wach ruft an etwas, was wir vor Urzeiten bereits erfahren haben. Die Urerfahrung, eins zu sein mit der Schöpfung, uns selbst als vollbewußte Ganzheit zu empfinden, ist in jedem Menschen angelegt. Bevor es dazu kommt, laufen Klärungs- und Reinigungsprozesse ab, die uns mit Problemen wie der bewußt erlebten Spaltung zwischen männlichen und weiblichen Polen konfrontieren. Wir geraten dann vielleicht in chaotische, explosive Selbstzweifel über Fragen nach unserer eigentlichen Identität, unserem Lebenssinn und Möglichkeiten, ihn zu verwirklichen. Wir suchen dann nach einem Zugang zu diesen Kräften in uns und kämpfen um ein Gleichgewicht zwischen ihnen, um inneren Frieden zu erreichen.

Wenn die Frau den Mann in sich und der Mann die Frau in sich gefunden haben, besteht keine Notwendigkeit mehr, sich im Umgang miteinander kämpferisch messen, sich abzugrenzen oder den anderen übertreffen zu müssen. Da wir des anderen nicht mehr bedürfen, hegen wir auch keine falschen Erwartungen, projizieren wir nicht mehr in ihn oder sie hinein, brauchen wir dem anderen allerdings auch keinen

127

Widerstand mehr entgegenzusetzen. Da wir dann überall in der richtigen Weise am rechten Ort sind, können wir »eins« werden. Das ist die neue Bewußtseinsoktave, der wir uns nähern.

Diese Thematik der weiblich-männlichen Polarität ist auch immer wieder in den Sitzungen an die Oberfläche des Bewußtseins gekommen. In der Zeit von Atlantis wurde zum ersten Mal auf dieser Erde mit dem genetischen Code experimentiert. Wir begannen, den genetischen Code zu manipulieren! Das vordem androgyne Wesen wurde gespalten in einen männlichen und einen weiblichen Körperaspekt. Die daraus folgende Spaltung zwischen Mann und Frau wurde zum »Spielmaterial«. Das Bewußtsein der Spaltung führte zum Bewußtseinskonzept persönlicher Macht, zu Machtansprüchen. Was heute als menschliches Naturgesetz gilt, wurde damals erst geschaffen. Es entwickelte sich eine »Totempfahl-Gesellschaft«, in welcher derjenige, der am stärksten war und sich am rücksichtslosesten durchsetzte, zum »Gipfelkönig« wurde. Er unterjochte alles, was feiner, subtiler, »schwächer« war. (In den USA gibt es ein Kinderspiel, das »King of the Mountain«, also etwa »Gipfelkönig« genannt wird. Dabei versucht ein Mitspieler dadurch zum Sieger zu werden, daß er alle anderen vom Gipfel eines Berges oder kleinen Hügels verdrängt. Die »Spiellogik« ist also von vorneherein darauf angelegt, daß nur der eine oder der andere Gipfelkönig sein kann – daß mehrere oder alle »gewinnen« können, ist nicht vorgesehen.) Dieses Spiel wird in Variationen wahrscheinlich in jedem Land der Welt gespielt. Seine Grundlage lautet: wenn du die Macht innehast, habe ich sie nicht. Die einzige Möglichkeit für mich, Macht auszuüben, besteht darin, sie dir zu entreißen!

Das ist eine Bewußtseinsform, die sich in Atlantis entwickelt hat und die noch heute besteht. Sei es zwischen der Sowjetunion und den USA oder in irgendeiner beliebigen anderen Konstellation. Und der Einfluß dieser Bewußtseinsform erstreckt sich nicht nur auf den Umgang zwischen Nationen, sondern auch auf das Zusammenleben von Partnern, von Familien, usw. Diese »Gipfelkönig-Strategie« ist ein typisches lineares Konzept, wie sich Yang-Energie äußert. Aussagen über Atlantis wurden von inzwischen über eintausend Klienten im Light-Institute gemacht, die frühere Leben in Atlantis in den Sitzungen nachvollziehen konnten. Und viele der Menschen, die diese Dinge gesehen und beschrieben haben, glauben noch nicht einmal an Reinkarnation! Sie werden plötzlich mit Bildern aus Atlantis konfrontiert, einem Kontinent, dessen schiere Existenz nach wir vor umstritten ist. Und sie fangen an, Geschehnisse in einer Weise zu schildern, die mit den Berichten anderer Klienten aus anderen Sitzungen übereinstimmt. Klienten, die noch nie etwas von Atlantis gehört oder gelesen hatten, Klienten aus allen Lebensbereichen, allen Berufen, allen Schichten treffen sehr ähnliche Feststellungen, von denen sie selbst oft am meisten überrascht werden. Die Ausrichtung auf Macht, auf persönlichen Machtanspruch und Machtausübung ist also in Atlantis entstanden.

Die Atlanter versanken derart in Machtstreben und wurden regelrecht süchtig nach Macht, daß sie sich schließlich selber in die Luft sprengten. Manche von ihnen wanderten an andere Orte der Erde aus. Sie wirkten auf die ägyptische Kultur ein und setzten dort einige ihrer alten Praktiken fort – insbesondere im Bereich der Anwendung von okkulten Kräften, auch zu persönlichen Zwecken. Während sich die Machtkämpfe in Atlantis eher im Bereich »äußerer« Yang-Kräfte abspielten, wurde in den okkulten Praktiken Ägyptens die Yin-Energie häufig als Machtmittel mißbraucht. Die Yin-Energie stellte die allwissende Kraft dar, deren Wahrnehmung und Handhabung in den Tempeln eingeübt wurde. Aber auch hier wurde sie von Priestern oft zu selbstsüchtigen Zwecken benutzt und schuf auf diese Weise ebenfalls Spaltung. Damit wurde das Thema der in Atlantis begonnenen Spaltung in einer Variation fortgesetzt.

Wenn wir über die Yin- und die Yang-Kräfte sprechen, wenn wir uns über männliche und weibliche Energien unterhalten, wenn wir die nach Geschlechtern unterschiedenen Körperformen betrachten, dürfen wir den Ursprung der Spaltung nicht vergessen. Der Ursprung liegt in der Abkehr vom universalen Strom der schöpferischen Einheit, er liegt im Anspruch auf persönliche und personale Macht. Und das Streben nach Macht wurde zu einer dauerhaft wirksamen Gedankenform, deren Verwirklichung zu bedeuten schien, daß es einerseits den oder die Mächtigen und andererseits die Masse der Ohnmächtigen geben müsse. Diese Gedankenform forderte dazu auf, Macht auch qualitativ zu messen, danach zu fragen, wie viele Menschen, Tiere, Länder der eine oder andere Mächtige nun beherrschte. Die Ausrichtung auf meßbare Macht und die Sucht, immer mehr Macht ausüben zu wollen, ziehen sich als roter Faden durch alle Kulturen und Reiche, durch alle Menschenleben und Bewußtseinsformen bis heute.

Eine Bemerkung zu Männern und zur Yang-Kraft: Alle bedeutenden Religionsstifter bzw. religiösen Führer sind Männer gewesen. Warum? Die Yang-Kraft ist die physische Kraft, die Energie, die sich manifestiert. Wenn man aber genauer untersucht, warum Laotse, Buddha, Jesus Christus, Mohammed oder andere eine derart nachhaltige Wirkung ausüben konnten, so wird man entdecken, daß sie Zugang zu jener schöpferischen Kraft hatten, die Yin-Kraft genannt wird. In sich selbst hatten sie die schöpferische Quelle von Empfängnis und Geburt, jenes »weibliche« Feld, das Träger der Formen ist, erforscht und aktiviert. Ich hörte einmal, wie ein tibetanischer Lama befragt wurde, warum es keine weiblichen Lamas gäbe. Er antwortete: »Die Frau ist Trägerin oder Halterin der Form; wenn sie sich veräußerte, würden wir austrocknen.« In moderner Sprache: wenn sich der DNS-Code in den Zellen direkt veräußerte, anstatt mittelbar durch die Formgebung und Funktion der Zellen zu wirken, würde er sich verlieren. »Innen« kann nicht gleichzeitig »außen« sein – zumindest sobald es um die relative, begrenzte Wirklichkeit der irdischen Sphäre geht. Wenn der Lebensplan aufhört Lebensplan zu sein und sich statt dessen unmittelbar selbst äußern will, wird er in seiner Funktion als Lebensplan ausgelöscht.

Diese religiösen Führer hatten also einen männlichen Körper, um die innen gewonnenen Erkenntnisse wirkungsvoll nach außen weitertragen zu können. Der Vorgang der Verbreitung der Wahrheiten unterliegt der Yang-Kraft. Die Wahrheiten selbst aber, die geistigen Gesetze gehören dem Bereich der Yin-Energie an. Es gehört zum Reich des Weiblichen, wie Leben entsteht, geboren und beschützt wird. Die innere Quelle ist weiblich, die veräußerlichte Form männlich. Das Ewige, Formlose ist weiblich – das Begrenzte, Relative ist männlich.

Um zu wichtigen Menschheitsepochen zurückzukommen: viele Menschen machen jetzt in dieser Zeit wichtige Urerfahrungen, werden jetzt mit Hauptarchetypen konfrontiert. Es findet zur Zeit eine Revolution des Bewußtseins statt, nicht mehr länger eine Evolution! Es handelt sich wirklich um eine Explosion! Es geht darum, diesen Planeten zu retten. Die alte »Gipfelkönig«-Strategie der Yang-Kräfte wirkt zerstörerisch, sie zerstört letztlich sogar sich selbst. Ihr fehlt die Yin-Kraft, mittels derer sie sich einer nichtlinearen Entwicklung öffnen könnte.

Menschen, die jetzt geboren werden, sind bereit, sich einem früheren Machtmißbrauch zu stellen und ihr Bewußtsein zu klären. Sie sind bereit, ihr Bewußtsein der Auseinandersetzung mit jenen globalen, grundlegenden Problemthemen zu öffnen. Nicht nur Frauen und Männer versuchen sich selbst zu finden, sondern jene Archetypen, die sich auf bestimmte Epochen beziehen, steigen ins Bewußtsein auf. So bemüht sich zum Beispiel die zeitgenössische Psychologie sehr darum, Eltern und Kinder miteinander und in ihren Funktionen und Rollen auszusöhnen. Die Notwendigkeit dafür ist groß, weil wir zu oft noch in überkommenen Verhaltensmustern eingeschlossen sind. Menschen gehen also von sich aus zurück in ihre eigenen Lebenserfahrungen während der Zeit Jesu Christi, in Atlantis, in Ägypten, etc.

Auf die Gefahr hin, daß ich mich bei manchen vielleicht unbeliebt mache, möchte ich erwähnen, was viele Klienten von ihren inneren Erlebnissen während der Lebenszeit Jesu Christi berichtet haben. Das Thema des Gipfelkönigspiels wurde von Atlantis über Ägypten bis hinein in die Zeit von Jesus Christus weitergetragen. Wie Buddha kam auch Jesus

Christus, um den Menschen die Botschaft der Liebe zu verkünden. Er kam, um die Botschaft der »Himmelfahrt«, also des Aufstiegs zu bringen.

In vielen hundert Sitzungen haben Klienten erlebt und beschrieben, daß die Kreuzigung nicht tatsächlich stattgefunden haben soll, sondern die Manifestation einer Gedankenform darstellte. Praktisch gesagt: Jesus Christus soll danach nicht im Fleisch, als Körper, ans Kreuz geschlagen worden sein –, sondern er soll seinen Lichtkörper diesem Vorgang unterzogen haben. Anstatt nun All-Liebe und geistige Entwicklung als bleibenden Eindruck in der Menschheit zu schaffen, entstand durch die Benutzung des Kreuzessymbols etwas ganz anderes. Dieser universale Archetypus des Kreuzes wirkte wie eine Barriere für die Menschen, wie eine Aufforderung und gleichzeitig ein Mittel zur Selbstaufopferung, zum Märtyrertum.

Das Kreuz stellt ein Symbol dar, das Bewußtsein in Materie einzuschließen und festzuhalten vermag. Das Kreuz verstärkte demnach die vorhandenen Einflüsse aus Atlantis und Ägypten. Das Selbst erfuhr sich als getrennt und gespalten von Gott, als in seiner ursprünglichen Ganzheitlichkeit zersplittert, als wertlos. Die ursprünglich anders beabsichtigte Botschaft von Liebe und Vervollkommnung wurde mißverstanden, ins Gegenteil verkehrt; anstatt Gott und uns selbst als eine Einheit anzusehen, wurden Gott und Mensch als wesentlich voneinander unterschieden und getrennt aufgefaßt.

Anstatt also die »Himmelfahrt« zu vermitteln, anstatt Lichtkörper aufzubauen, die sich aus der Gotteskraft entwikkelten, haben wir die Idee der Selbstreinigung durch fegefeuerähnliche Methoden verfolgt. Wir sahen das Selbst als verunreinigt an, als entfernt von Gott, wir betrachteten es als unwert aufzusteigen, bevor es gebührend traktiert worden wäre – aber all das hat nichts mit der Gotteskraft zu tun, die dem Selbst innewohnt. Aufgrund dieser falschen Auffassung schieden wir uns auf »tödliche« Weise von der direkten Verbindung mit Gott ab; als äußere Kraft nahmen wir ihn wohl an, verleugneten aber seine Gegenwart und Durchdringung unseres eigenen Wesens, unseres Inneren. Mit Ausnahme weniger Mystiker (die zudem oft genug von ihren Glaubens->>Gemeinschaften<< ausgestoßen wurden), prägten wir uns Märtyrertum und Aufopferung statt der Liebe und der Himmelfahrt der ursprünglichen Botschaft ein.

Wann immer wir nun diese inzwischen zur zweiten Natur gewordenen Konzepte gelebt haben, sind wir selber zu aktiv Handelnden geworden, die sich in der Verstrickung zwischen opferheischenden und sich opfernden Menschen befinden. Besonders im Mittelalter haben wir diese Rollen voll ausgespielt. Wir sind dabei wie in einer Spirale immer tiefer herabgestiegen. Wir haben uns in einen nach unten gerichteten Energiestrudel saugen lassen, der immer gröbere materielle Formen annahm. Das Stichwort »Inquisition« möge hier genügen. Der Vorgang der Kreuzigung des Fleisches, der Opferung des Menschen nahm Formen an, welche die ursprüngliche Botschaft Jesu Christi schlimmer und niedriger verhöhnen sollten, als es seine ärgsten Feinde je hätten vollbringen können. Denn selbst der Versuch der Inquisition, durch bestialische Folterungen der Menschen von materiellen Strukturen etwas Geistiges zu begreifen oder zu verändern, geschah bekanntlich im Namen Christi. Der Yang-Wille »rationaler«, linear denkender Menschen sollte der Yang-Form, dem Körper, aufgezwungen werden, um ihr die numinose Yin-Energie zu entreißen. Eine Absicht, die sich später in den Alchemielaboratorien von geheimnisvollen Okkultisten wiederfand.

Wir befinden uns jetzt bereits wieder in einer gegenläufigen Phase. Wir befinden uns bereits wieder in der Bewegung einer aufwärts gerichteten Spirale, in einer Richtung der geistigen Entwicklung. Die Vermaterialisierung des Mittelalters hat nach den kosmischen Gesetzen selbst für den Umschwung gesorgt. Der Tiefpunkt der Veräußerlichung – ich spreche nach wie vor von der allgemeinen Entwicklung, nicht von Ausnahmeerscheinungen erleuchteter Menschen und Mystiker – war erreicht. Das Erwachen der formlosen Energie begann in einem Moment, in dem erstarrte, verkrustete und sinnentleerte Schalen zerbrachen. Die spirituelle Energie wurde aktiviert, das Bewußtsein war nach dem offensichtlichen Versagen jener angeblichen Wahrheiten wieder bereit, sich anderen Wirklichkeiten zu öffnen.

Der Fortfall dogmatischer Grenzen für unsere Bewußtseinsentwicklung führte dazu, daß Menschen Visionen entwarfen. Neue Bilder, neue Entwürfe waren nicht mehr verboten, wurden nicht mehr verfolgt. Der Mensch erdachte sich, fliegen zu können, und er schaffte es. Der Mensch erdachte sich, auf einem anderen Himmelskörper als der Erde stehen zu können, und es gelang ihm. Dabei ging es um sehr viel mehr als nur um die intellektuelle Beherrschung materieller Gesetzmäßigkeiten. Es ging um eine Bewußtseinsöffnung für das »Unmögliche«, für das »Unvorstellbare«! Und dies wiederum hat ein geistiges Erwachen ausgelöst, es hat einer freien Bewußtseinsentfaltung den Boden bereitet.

Obwohl wir häufig noch in den alten Vorstellungen befangen sind und deshalb vielleicht von einem Sieg im Weltraum sprechen oder von einer Herrschaft über die Lüfte, so ging es in Wahrheit doch darum, die weibliche Kraft des Formlosen, des Ungedachten, des (noch) nicht Greifbaren zu manifestieren. Als die ersten Astronauten auf dem Mond standen, hatten sie Gotteserfahrungen! Sie durchbrachen die Schranken des »Unmöglichen«. Im Augenblick des Durchbruchs, vom gerade noch Unvorstellbaren und Unmöglichen in eine neue Wirklichkeit, die von allen Zellen miterspürt wird, werden wir eins mit der schöpferischen Gotteskraft. Die Spaltung, die Abgeschiedenheit wird aufgelöst. Wir verlieren personale Macht und gehen gleichzeitig im universalen Bewußtsein auf. Wir verlieren den Anspruch einer getrennten Identität und gewinnen die direkt spürbare Erfahrung, mit der Schöpferkraft eins zu werden, sie zu berühren.

Ich möchte noch einen weiteren Gedanken über die Erfahrungen in diesen archetypischen Epochen anfügen. Gleich, ob man sich in diesen Zeiten als Täter oder Opfer erfahren hat, befindet man sich auf jeden Fall im Energiefeld jener Ära. Und das bedeutet, gleich ob es sich nun um Themen aus Atlantis, Ägypten oder aus der Zeit Jesu Christi handelt, mit denen sich der einzelne in den Sitzungen auseinandersetzen muß, die er für sich klären muß: die Energie der jeweiligen

Epoche wird für ihn wirksam. Die galaktischen Kräfte, die geistigen Einflüsse, welche durch die Initionationstempel des alten Ägypten, durch Buddha oder Christus sozusagen als Saat in das Feld dieses Planeten gelegt wurden, werden zum aktiven Bestandteil des Bewußtseinsprozesses, der zur inneren Klärung und zum Ausgleich von Yin- und Yang-Energie führt, zum Gleichgewicht zwischen dem männlichen und weiblichen Pol im Menschen. Es sind archetypische Kräfte, die sich in der inneren Bilderwelt so formen, daß sich der Klient, der »Zuschauer« selbst als Beteiligten der Geschehnisse sieht.

Die genannten Epochen sind deshalb von so großer Bedeutung für unsere Selbsterkenntnis, weil es darin vor allem um einen unmittelbaren Kontakt mit der Gotteskraft in uns geht. So sehen wir uns vielleicht am Fuße des Kreuzes stehen, und wir erleben die Geschehnisse von Golgatha mit, wir werden davon tief angerührt. Hierbei geht es wie bei den Hauptereignissen der anderen Epochen darum, daß das Formlose, daß das göttliche Prinzip auf der Erde offenbar wird, damit die Menschen es sehen und spüren können. In Atlantis wurde die spirituelle Kraft bewußt unterdrückt, in den Tempeln in Ägypten war ihr Gebrauch geheim und nur wenigen vorbehalten, während durch Jesus Christus der Versuch unternommen wurde, diese spirituelle Kraft der Menschheit allgemein zugänglich zu machen. Die Menschen, welche wirklich von der Botschaft Jesu Christi erfaßt wurden, spürten, daß jedes Lebewesen Teil Gottes ist, daß jeder Mensch als Geburtsrecht Anspruch und Möglichkeit hat, mit Gott eins zu werden. Die Konfrontation mit der Energie jener unterschiedlichen Epochen löst also ganz bestimmte, bedeutende Bewußtseinsprozesse aus.

9.

Vom Schmieden der Energien

Wie gehen wir mit Energien um? Betrachten wir zu allererst einmal unser Energiesystem. Unser eigener Körper stellt genauso ein Energiesystem dar wie unsere Gefühle und unsere Gedanken. Wir können diese eigenen Energiesysteme als solche wahrnehmen und sie dann kontrollieren, d. h. also bewußt einsetzen. Wir erfahren dann, wie wir uns auf die Umwelt zubewegen, und wie wir auf sie wirken, und wir können gleichfalls steuern, wie wir Impulse von außen auf uns wirken lassen.

Unser menschlicher Körper ist wirklich das wunderbarste Energiesystem, das wir kennen. Einige Aspekte dieses komplexen Systems haben wir ein wenig erforscht: das zentrale Nervensystem, das Gehirn, biochemische Impulse, die über die Nervenenden laufen, unser elektromagnetisches Feld, zweiundsiebzigtausend Nadis, wie sie die östliche Weisheit kennt, Akupunkturpunkte und -meridiane, etc. Dieses Energiesystem beschränkt sich in seiner Reichweite nicht nur auf den physischen Körper, sondern ist in subtiler Weise auch auf spirituellen und mentalen Ebenen wirksam. Menschen, die offen und sensitiv genug sind, um die Aura anderer Menschen zu sehen, können zum Beispiel von Unregelmäßigkeiten oder Verfärbungen in der Aura auf psychologische und physiologische Probleme zurückschließen, wie es auch in der sogenannten Kirlianphotographie inzwischen weiter untersucht wird.

So, wie sich das Kind nach der Geburt, also nach der Trennung von der Mutter, nach und nach als ein von ihr unabhängiges Einzelwesen wahrnimmt, so müssen auch wir in bezug auf unser Energiesystem zunächst einmal unsere

Beobachtungs- und Unterscheidungskraft schulen. Wir sollten in unserem Energiesystem nicht unbewußt herumschweben, oder durch bestimmte Reaktionen, die sich wie eine Sturzflut über uns ergießen, weggeschwemmt werden. Wir haben vielmehr die Chance, uns der Funktionsweise unseres Energiesystems bewußt zu werden.

Wenn Gefühlsreaktionen auftauchen, können wir ihren Ursachen nachgehen. Inzwischen hat man herausgefunden, daß Männer und Frauen in ihrer Wahrnehmungsfähigkeit von einem eigenen Biorhythmus beeinflußt werden. Wir mögen dessen nicht gewahr sein: dennoch wird unsere Einschätzung der Außenwelt und unserer eigenen Innenwelt von Energien mitbeeinflußt, die nach einem bestimmten Biorhythmus schwingen.

Nehmen wir uns zuerst den physischen Bereich vor, der für unser Bewußtsein wahrscheinlich deshalb am wichtigsten ist, weil wir ihn unmittelbar erleben. Wie reagiert unser körperliches Energiesystem, wenn wir dem Körper Bewegung verschaffen und Sport oder Fitneßübungen betreiben? Inwieweit fördern oder beeinträchtigen bestimmte Nahrungsmittel und bestimmte Getränke unsere Leistungsfähigkeit? Inwieweit haben gute frische Luft, aber auch unsere gedankliche Einstellung zum Leben Einfluß auf unser Wohlbefinden? Inwiefern ist die Lebensqualität dieses Gefährts, das wir zur Zeit benutzen, von dem abhängig, was auch immer wir ihm zuführen?

Wie können wir ekstatische Bewußtseinszustände erreichen? Wie können wir auch im täglichen Leben immer glücklich sein? Das hängt zweifellos in hohem Maße davon ab, ob unser Körper im Gleichgewicht ist. Wenn wir unseren Körper vernachlässigen, wenn wir ihn malträtieren oder sogar vergiften, wird auch unser Emotionalkörper auf innere oder äußere Impulse nicht mit Freude reagieren. Auch unser Emotionalkörper wird sich dann nicht in einem Gleichgewicht halten können, sondern, wie die anderen Bewußtseinsebenen auch, in Chaos gestürzt werden. Und wenn wir als einzelne menschliche Wesen nicht mit Freude und Liebe reagieren, führt dies zu Chaos und geistiger Verwirrung weltweit. Es besteht eine gegenseitige Abhängigkeit zwischen den Rhythmen von Einzelwesen und den Rhythmen von Gesellschaften, Kulturen und Nationen. So werden wir uns umgekehrt auch nicht der Qualität der Zeitläufe um uns herum entziehen können, selbst dann nicht völlig, wenn wir in uns in Harmonie sind.

Wir müssen uns also mit unserem eigenen Energiesystem und seinen Rhythmen genauso vertraut machen wie mit jenen der Umwelt und unseres Planeten Erde. Wenn wir den Emotionalkörper positiv entwickeln wollen, wenn wir die höchsten Oktaven des Emotionalkörpers – ekstatische Verzükkung, Beseligung, Liebe – in unserem Alltagsleben, in unserer Familie, in unserer Arbeit, inmitten all dessen, was unser Lebensplan geschaffen hat, erfahren wollen, dann müssen wir die Energien dieses Gefährts schmieden, damit sie auf den höchsten Frequenzen schwingen.

Wenn wir es also zulassen, daß Verschmutzungen in unseren Körper dringen, dann wird unser Energiesystem nicht in der Lage sein, in so hohen Frequenzen zu schwingen. Der Emotionalkörper kann sich in Bewußtseinsregionen von Wonnen und Wundern nur dann erfahren, wenn das von ihm benutzte Körperinstrument aufs beste funktioniert. Ich habe bereits zu beschreiben versucht, wie der Emotionalkörper mit den anderen Ebenen zusammenhängt. Unsere normalen Bewußtseinzustände werden von Angst, Ärger, Verzweiflung oder ähnlichen Schwingungen beherrscht. Diese Bewußtseinzustände werden durch auch rein körperliche Ursachen ausgelöst! Physiologische Disharmonien im Körper, aufgrund irgendwelcher unverträglicher oder schädlicher Stoffe und Chemikalien, können dazu führen. Bestimmte Nahrungsmittel, Alkohol und Drogen, Luft- und Lebensmittelverschmutzungen – wenn man nichts unternimmt, um sie auszugleichen – bewirken, daß wir auf niedrigeren Frequenzen schwingen. Wir befinden uns dann in niedrigeren Lebensoktaven.

Wenn wir in höhere Oktaven aufsteigen wollen, müssen wir uns reinigen! Wir müssen damit beginnen, den Körper zu reinigen. Wir müssen jene Giftstoffe ausscheiden, welche unsere nicht nur körperliche, sondern auch seelische Belastung verursachen, welche uns auf – relativ gesehen – niedrigen Bewußtseinsebenen halten. Um ein modernes Bild zu gebrauchen: je schneller ein Fahrzeug fahren soll, desto wichtiger ist das reibungslose Funktionieren aller seiner Teile, und desto wichtiger ist es, auch kleinste Unwuchten an den Reifen entweder zu vermeiden oder auszugleichen. Meditation ist ein solcher Ausgleich. Wenn wir meditieren, erfahren wir harmonischere Bewußtseinszustände. Ruhige rhythmische Alphawellenströme neutralisieren Disharmonie im Körper. Auch im Schlaf stellen sich Alphawellen im Gehirn ein. Und diese Gehirnströme lassen eine Regeneration und Verjüngung von Zellen zu. Wir müssen also bewußt beginnen uns zu fragen: nun gut, was braucht mein Körper? Vielleicht verlangt er nach Lebensmitteln, vielleicht sollten wir unsere Nahrung umstellen, damit wir Harmonie und Liebe und eine hohe Energie im Körper möglich machen.

In alten Zeiten wußte man von diesen Dingen mehr. So wurden verschiedene Yogasysteme geschaffen, man entwikkelte bestimmte Atemtechniken und viele andere heute als »esoterisch« bezeichnete Übungswege. Es ging darum, daß die Menschen sich Ebenen voller Licht erschlossen, von deren Existenz die wenigsten unter uns wissen und zu denen wir normalerweise keinen Zugang finden. Normalerweise verfügen wir einfach noch nicht über einen entsprechenden Bezugsrahmen, der es uns erlaubt, uns zwischen dieser und anderen Dimensionen hin und her zu bewegen. Jedesmal allerdings, wenn wir einen höheren Schwingungszustand zulassen, baut sich auch ein entsprechender Bezugsrahmen für unser Bewußtsein auf, der uns eine Wiederholung möglich macht. Unser Körper wird von sich aus danach streben, diese so aufgebauten neuen Bezugsrahmen auch immer wieder zu benutzen.

Dabei können wir dem Körper helfen – natürlich letztlich uns selbst! Sehr strikte feststehende Regeln dafür, Leitlinien, was zu tun und was zu lassen ist, gibt es aber nicht. Es geht einfach um ein Verständnis und ein feines Gespür für das von uns benutzte Energiesystem. Wein zum Beispiel ist für die Verdauung sehr gut, zumindest die guten alten Rotweine, die nicht zu sehr verschnitten oder mit Schadstoffen belastet sind. Aber Alkohol setzt die Schwingungsrate herab! Also müssen wir ein ausgewogenes Verhältnis finden, wie wir solche Dinge verwenden. Wir müssen uns fragen: was wollen wir erreichen, was ist unser Ziel? Wenn wir uns entscheiden, unsere Sensibilität zu erhöhen, unsere innere Schwingungsfrequenz zu beschleunigen, um Zugang zu höheren Dimensionen zu gewinnen, um neue Wirklichkeiten erfassen und spontan verarbeiten zu können, dann werden wir von Alkohol einfach die Finger lassen.

Wir haben beobachtet, daß fast alle Menschen, die hier zu uns ins Light-Institute kommen, von sich aus ihre Lebensgewohnheiten umstellen. Sie essen bewußter, sie verzichten zum Beispiel weitgehend auf Fleisch. Am Fleisch läßt sich gut erklären, was ich meine, wenn ich vom bewußten Umgang mit Energien spreche. Heutzutage müssen Millionen und Abermillionen Menschen ernährt werden – bald werden es 5000 Millionen sein! Halten wir uns für einen Moment vor Augen: wir leben nicht mehr in der guten alten Zeit, in der wir, wie früher die Indianer hier, zunächst mit dem Geist eines Hirsches Kontakt aufnahmen, ihm unsere Verehrung darbrachten und dann in einer bestimmten geistigen Haltung dessen Körper nahmen. Und jeder einzelne Teil dieses Körpers wurde nützlich verwendet, sei es als Nahrungsmittel, sei es für Lederhäute oder Gebrauchs- und Kultgegenstände aus Knochen – immer im Gedenken an den lebensspendenden Geist. Wo finden wir so etwas heute noch? Wir halten Vieh auf Weiden oder sogar in Ställen eingepfercht, wir füttern sie mit Wachstumshormonen, wir stopfen sie mit Stereoiden und Antibiotika voll. Diese Stoffe gelangen über das Fleisch der Tiere, in dem sie sich niederschlagen, auch in unseren Körper. Unser System wird diese Stoffe nur sehr schwer wieder los. Daß sie schädliche Wirkungen ausüben, ist inzwischen hinreichend erforscht und unbestritten.

Für mich ist ein anderer Aspekt noch grauenvoller: wenn man jemals in einen Schlachthof gegangen ist, wenn man zugeschaut hat, wie Hühner oder Schweine oder Kühe für den Kommerz in Massen vorbereitet und kollektiv getötet werden – Hühner kommen auf ein Fließband, Schweine werden durch Elektroschockanlagen getrieben, Kühe werden mit Bolzenschußgeräten niedergemetzelt, während die anderen Todeskandidaten dahinterstehen und es miterleben müssen – dann wird man als fühlender Mensch ein Mitgefühl für diese ebenfalls göttlichen Geschöpfe entwickeln, die sozusagen unsere jüngeren Brüder und Schwestern sind. Inzwischen ist auch wissenschaftlich nachgewiesen, daß sich Tiere gegenseitig genauso erleben und empfinden, wie wir Menschen dies tun.

Das bedeutet: jedes für den kommerziellen Konsum getötete Tier stirbt voll ungeheurer Angst! Adrenalinstöße werden ausgelöst, die »Kampf- oder Flucht«-Reaktionen werden ausgelöst, und all dies geschieht nicht nur im Moment des Todes, sondern schon vorher, während sie das Grauen ihrer Mitgeschöpfe miterleben. Das bedeutet ganz praktisch: die reale Angst und der reale Schrecken der Tiere wirken sich auch direkt physiologisch in deren Körpern aus. Die entsprechenden Stoffe werden durch den ganzen Körper bis hinein ins Fleisch gepumpt. Und wir? Wir konsumieren dieses Fleisch. Wenn wir das Fleisch von solchen Tieren konsumieren, dann nehmen wir ihre Angst in uns auf! Und wir wundern uns noch, warum die Welt voller Angst ist? Voller Paranoia? Wir wundern uns noch, warum in der Welt Angstprinzipien dominieren?

Angst ist eine sehr dichte, niedrige langsame Schwingung. Angst ist eine dumpfe Energie. Angst betäubt. Wenn wir nun beginnen, uns unseres höheren Selbst bewußter zu werden, wenn wir anfangen, mit dem höheren Selbst immer inniger zu verschmelzen, dann verändert sich auch die Körperchemie. Und wenn der Körper diese Energien, diese Schwingungen und diese Bewußtseinszustände von Beseligung und Wonne erfährt, sehnt er sich immer mehr nach Verstärkung und Vertiefung solcher Wahrnehmungen anstatt jener dumpfen Muster von Angst usf. Nach solchen Erlebnissen ihres höheren Selbst verlieren die Menschen unwillkürlich das Bedürfnis und den Wunsch, Fleisch zu essen. Dasselbe gilt für Alkohol und viele andere Suchtgewohnheiten. Der Emotionalkörper ist nun einmal mit dem Solarplexus-Zentrum eng verbunden. Dieses wiederum steht in Verbindung zum Magen, zur Nahrungsaufnahme und zur Verdauung. Und an diesem Zentrum nun findet eine Veränderung statt, so daß die Stimme des Körpers deutlicher gehört wird. Diese Stimme fordert uns auf: gib mir frisches Grün, gib mir Wasser, etc. Wir richten uns dann ganz automatisch auf eine Funktionsverbesserung unseres Systems aus. Wir wollen dann von uns aus unser Energiesystem verfeinern.

Es scheint notwendig zu sein, einige Gedanken zum Drogenmißbrauch zu äußern. Die lebenszerstörende Wirkung von Drogen wird leider immer noch nicht überall erkannt und leider auch noch nicht genügend ernst genommen. Es ist wahr, daß diese – in den sechziger Jahren aufgekommenen – Drogen tatsächlich das Bewußtsein erweitern. Solche Drogen öffnen tatsächlich den Blick in andere Dimensionen, möge man nun Regenbögen zwischen allen Bäumen sehen oder anderes. Der Drogengebrauch, besser -mißbrauch, stellte einen Teil unserer planetarischen Entwicklung dar. Aber wie zum Beispiel die sexuelle Revolution, hat auch die Drogenrevolution gravierende Rückschläge und Rückschritte verursacht. Wir beginnen sie erst jetzt langsam wahrzunehmen. Wir haben inzwischen feststellen müssen, daß sehr viele dieser bewußtseinsverändernden Drogen süchtig machen! Manche von ihnen hinterlassen eine Art teeriger Substanz auf den Nervensynapsen im Gehirn, die nicht mehr beseitigt werden können. Selbst nach 15 Jahren sind die Nervenschaltstellen immer noch »verschmutzt« und damit nicht mehr voll funktionsfähig! Manche jener vermeintlich einfachen Substanzen, die so bequem zu nehmen sind und so ungefährlich erscheinen – zum Beispiel Marihuana – haben sich inzwischen als nachweislich äußerst süchtig machend und gefährlich herausgestellt. Da ihre Wirkstoffe eine lange Verweildauer im Körper haben, stellen wir am Anfang des Marihuanagebrauchs einfach noch nicht fest, daß es süchtig macht.

Ein zentrales Problem besteht darin, daß Drogen uns aus unserer Mitte heraus in astrale Dimensionen führen in einer Weise, daß wir uns nur unter ihrem Einfluß als schöpferische und bewußte Wesen erleben, die in Verbindung zu einem größeren Sein stehen. Wenn wir uns allerdings nur in diesem Drogenzustand Gott näher fühlen, oder was auch immer sonst, dann vertieft dies die Spaltung, in der wir uns befinden! Wir kehren uns ab von der Aufforderung und Aufgabe, unser Leben gemäß dem von uns selbst aufgestellten Lebensplans bewußt anzunehmen. Die Herausforderung, die wir uns selbst ursprünglich gestellt haben – die selbstgewählte Geburt in eine bestimmte Form in einer bestimmten Umwelt, unsere Entscheidung, in diesem Leben bestimmte Lektionen zu lernen, die Möglichkeit, uns und unsere Gaben der Welt zu schenken – können wir nicht erfüllen!

Wenn wir Drogen benutzen, nehmen wir diese Herausforderung noch nicht einmal wahr! Wir entdecken noch nicht einmal die Gaben, die wir zu verschenken hätten. Durch Drogen wird die Polarität zwischen diesen isolierten Bewußtseinszuständen und unserem Alltagsleben, unserer Kommunikationsfähigkeit, unserer Selbsteinschätzung und unserer Kraft, die gestellten Lebensaufgaben zu bewältigen, vertieft. Drogen ziehen uns immer weiter von den Menschen fort, die wir lieben, und noch schlimmer, sogar von unserem eigenen höheren göttlichen Selbst. Bewußtseinserweiternde Drogen lehren uns nicht, in freier eigener Kraft und Entscheidung Zugang zu höheren Ebenen zu gewinnen. Sie verhindern die Erfahrung der Fähigkeit, daß wir unsere Träume und Visionen manifestieren können.

Mit Drogen schließen wir uns auf tragische Weise aus unserer eigenen Mitte aus, wir trennen uns auf bedrückende Weise von unseren »Lieben« und der Umwelt. Wir klinken uns aus der aktiven Teilnahme am Leben in der Welt aus.

Nachdem ich die Wirkung von Nahrungsmitteln und Drogen auf unser Befinden und unser Bewußtsein angesprochen habe, möchte ich auch noch auf einen anderen Bereich eingehen. Manche Menschen kommen, durchaus auch ungewollt, in Kontakt mit »Geistwesen«, die in bestimmten Dimensionen existent sind. Wenn wir mit solchen Geistwesen in Verbindung treten, kann sich eine neue Form von Sucht entwickeln, die genauso schädigend sein kann wie Drogensucht.

Hinter dieser Sucht steckt auch ein gutes Stück Versuchung oder Verführung. In meiner Arbeit habe ich mit diesem Aspekt von Versuchung oder Verführung, der Sucht als Folge hat, intensiv auseinandergesetzt. Es geht dabei immer um eine Art tiefsitzender Erinnerung in uns, die – wenn sie »gereizt« wird – uns vom Weg unseres eigenen Lebensplans abführt. Die Astralebene ist das beste Beispiel für die verführerische Kraft, für eine Energie, die in die Sucht zieht. Geister und Geistwesen sind Vertreter dieser Ebene und dieser Energie, sei es, daß wir über Medien den Kontakt zu ihnen herstellen oder in uns selbst. Wir verfallen schnell in die Gewohnheit, uns nicht mehr selbst um unsere Lebensaufgabe zu bemühen, sondern Hilfen, Ratschläge und Informationen von einer vermeintlich höheren Ebene zu erwarten.

Manchmal geschieht es also, daß wir absichtlich oder unwillkürlich in Kontakt zu Geistwesen, zu »Geistern« geraten. Ich gebrauche in meiner Arbeit absichtlich den Begriff »Verführung«, denn es geht hier darum, daß wir in uns eine Erinnerung an persönliche Macht oder an Freude und Trost tragen, eine Erinnerung, die uns quasi automatisch in eine bestimmte Energiefrequenz zieht. Dieser Zug verführt uns fast immer auf Seitenpfade des Lebens, die Umwege oder Sackgassen bedeuten. Die Astralebene ist das beste Spielfeld verführerischer Kräfte.

Geister und Geistwesen sind Teil der Verführungsinstrumente dieser Astralebene. Meistens geraten wir in eine geistige Abhängigkeit von ihnen und werden sehr träge, indem wir sie um ihre Ratschläge bitten. Wir fragen sie, wie wir uns verhalten sollen, wie unsere Zukunft aussehen wird, und dergleichen mehr. Wenn wir ein Wesen um Hilfe bitten, kann es, da es sich gerade auf der anderen Seite des Schleiers befindet, sagen: »Ja, ja, ich sehe dich. Dein Ehegemahl ist gerade gestorben, und dies oder jenes ist gerade geschehen; und in Kürze wird sich dies und jenes noch zutragen.« Sie äußern sich zur Vergangenheit, zur Gegenwart und zur Zukunft, und wir lassen uns davon wie verzaubern.

Es ist für uns außerordentlich erstaunlich, daß jemand anderes über uns Bescheid weiß. Wir fühlen uns überrascht und betroffen von der Tatsache, daß jemand anderes mehr über unser Inneres weiß als sogar wir selbst. Meistens sind wir dann sehr schnell dazu bereit, unsere eigene Verantwortung aufzugeben. Wir verzichten unter solchen beeindruckenden Umständen sehr schnell auf unsere eigene Erkenntnisfähigkeit, Intuition und Handlungsvollmacht. Wir händigen uns selbst an einen »Lebensführer« aus. Ich will damit nicht sagen, daß Geisterführer nicht auch nützlich sein können. Sie können uns unter Umständen durchaus helfen. Manche von ihnen spielen durchaus eine positive Rolle darin, Individuen oder Kollektive auf dieser Erde zu führen. Die Schwierigkeit beginnt aber immer dann, wenn wir leichtfertig unsere eigene Verantwortung aufgeben und unser Leben einer anderen, »äußeren« Macht aushändigen. Wenn wir eigene Entscheidungen in unserem Leben treffen, sind wir selbst als Schöpfer tätig. Alles, was uns an der eigenen schöpferischen Lebensführung hindert, ist insofern eine Verführung.

Geister und Geistwesen sind nichts anderes als entkörperte Persönlichkeiten. Sie sind immer noch von den Urteilen und Vorurteilen, von den Anschauungen und Einstellungen geprägt, die ihr Karma während ihrer körperlichen Zeit ausmachten. Wenn wir sie nun um Rat fragen, wie wir uns in der rechten Weise verhalten sollen, dann können sie lediglich aufgrund ihrer eigenen begrenzten Erfahrung ihrer bisherigen Inkarnationen Antwort geben. Manche der Geisteswesen haben sich vielleicht seit einigen hundert Jahren noch nicht wieder auf der Erde verkörpert. Ihre Bewußtseinsebene und ihre Erkenntnisfähigkeit sind damit begrenzt. Sie haben ihr eigenes Seelenwachstum nicht über diese Begrenzung hinaus entwickeln können; vielleicht versuchen sie dies, indem sie nun einen jetzt auf der Erde lebenden Menschen »führen«. Vielleicht bemühen sie sich um karmischen Ausgleich, indem sie jetzt zu helfen versuchen, obwohl sie nicht inkarniert sind. Dennoch: sie bleiben mit ihrer Hilfe und ihren Ratschlägen, was für uns gut oder schlecht sei, durch ihre eigenen Voreingenommenheiten begrenzt! Ich würde also sagen, daß es für unsere Seelenentwicklung am besten ist, die direkte Verbindung mit unserem eigenen höheren Selbst zu finden und sie

145

auszubauen, zu verfeinern und zu intensivieren.

Wenn man jeden Tag, entweder in der Meditation oder einfach beim Geschirrspülen oder beim Autofahren, vor einer wichtigen Entscheidung oder einen Augenblick vor einer bedeutenden Konferenz kurz innehielte, um die Verbindung mit dem höheren Selbst aufzunehmen und sich auf dessen Energieschwingung einließe, so wäre dies letztlich die wirkungsvollste Hilfe. Das kann wirklich jeder tun! Wenn wir nur kurz innehalten, tief durchatmen, und einfach unser höheres Selbst bitten, sich irgendwie bemerkbar zu machen. Das reicht für den Anfang schon aus! Das höhere Selbst wird sich melden – genauso, wie sich ein Geistwesen mittelbar über ein Medium oder auch unmittelbar melden würde. Wir alle sind von geistigen Führern umgeben. All die Engelgeschichten, von himmlischen Wesen und kosmischen Gestalten, die uns zur Seite stehen, sind zutreffend. Es gibt eine Vielzahl von geistigen Führern, die sich entschieden haben, mit uns durch dieses Leben zu schweben. Wir können in der Tat Kontakt mit ihnen aufnehmen, und manchmal sind solche Geistwesen für uns tatsächlich nützlich.

Als ich mit der Akupunktur anfing, meldete sich sehr bald ein geistiger Führer mit Namen Ling Tsu. Er begann, mich über die Existenz und die genaue Lage esoterischer Akupunkturpunkte zu informieren. Oft genug passierte es, daß er über Punkte sprach, die ich nicht als »offizielle« Akupunkturpunkte kannte. Ich mußte danach erst ausprobieren, ob die Informationen von Ling Tsu zutrafen. Es bedeutete damals durchaus einen Akt des Vertrauens, Nadeln an bestimmte Punkte einzustechen, nur weil Ling Tsu mir gesagt hatte, daß dort esoterische Punkte lägen. Ich mußte zunächst über die Schwelle des Vertrauens treten, um die Richtigkeit seiner Angaben zu erforschen und zu bestätigen. Dadurch wurde ich mit der Lage und der Energieschwingung vieler Punkte vertraut, die sowohl mir wie anderen Menschen bis dahin unbekannt waren. Ich entdeckte übrigens, daß einige der frühesten Niederschriften über die Wissenschaft und Anwendung von Akupunktur sich unter der Obhut einer Gruppe befanden, die »Ling Tsu« hieß! Dieser Name bezeichnete, wie ich herausfand, nicht nur das Geistwesen, mit dem ich in Kontakt stand, sondern eben auch alte chinesische Akupunkturschriften.

Ling Tsu ist jetzt nicht mehr so häufig um mich – offenbar vertraut er mir schon sehr viel mehr –, aber dennoch begeben sich ganz spaßige Dinge. Ein Klient oder eine Klientin liegen in meinem Sitzungsraum. Während die inneren Erlebnisse geschildert werden, sitze ich am Kopfende und mache entsprechende Notizen. Und dann passiert es immer wieder, daß die Klienten sagen: »Hast du gerade eine Nadel in meinen Fuß gestochen?« oder: »Diese Nadel in meiner Hand regt mich wirklich an.« Und ich antworte dann: »Ich habe keine Nadel in deinen Fuß gestochen, ich schreibe ja gerade«; oder: »In deiner Hand befindet sich gar keine Nadel.« Dann stellt sich immer wieder heraus, daß Ling Tsu auf einer ätherischen Ebene Akupunkturnadeln setzt, um meine Arbeit zu unterstützen und zu verstärken. Damit wird auch von dieser subtileren Ebene her das Bewußtsein der Klienten auf intensive Weise geöffnet und aktiviert. Geistführer können also auf wunderbare Weise wirken und einem wirklich mit besonderen Gaben helfen. Sei es nun in der Akupunktur oder Musik, in der Kunst oder Wissenschaft, in irdischem oder spirituellem Wissen. Aber dennoch: ihr Wissen, ihre Hilfe, ihre Expertise werden immer auf die Erfahrungen und Bewußtseinsebenen ihrer eigenen Inkarnationen beschränkt bleiben.

Wenn man sich also die Frage stellt: »Welchen Lebensweg soll ich einschlagen?«, oder »was ist recht und was ist schlecht für mich?«, dann gibt es nur eine Stelle, an die man sich wenden kann – das eigene höhere Selbst!

Vor gut einem Monat arbeitete ich mit einem sehr bekannten amerikanischen Medium zusammen. In der Sitzung meldeten sich etliche ihrer Geistführer. Ich fragte, wer unter ihnen seine bzw. ihre eigene Problematik weiter klären wollte, um entweder noch hilfreicher wirken oder sich von der karmischen Verpflichtung auf der irdischen Ebene lösen zu können. Eines der Geistwesen meldete sich und stellte sich als »Mutter Venus« vor. Sie ist Trägerin einer ähnlichen Energie, wie es Mutter Maria auf der Erde ist, also einer Schwingung von mütterlicher, fürsorglicher Liebe und Harmonie. Ich fragte nun »Mutter Venus«, was sie dazu bewege, durch dieses Medium zu sprechen und warum sie sich an Menschen auf der Erde wandte. Sie antwortete, daß sie durch die Leiden der Menschen, daß sie durch kollektive Not wie Hungerkatastrophen oder Erdbeben oder Kriege, die allesamt zu qualvollem Tod von vielen Menschen führen, so litte, daß sie helfen müsse.

Ich schlug daraufhin vor, daß sich dieses Geistwesen Einblick in die Akasha-Aufzeichnungen verschaffen sollte, um herauszufinden, warum so viele Menschen unter solchen Umständen stürben. Die Sitzung läßt sich hier nicht im einzelnen beschreiben, da sich viele Dinge gleichzeitig abspielten. Zumindest konnte »Mutter Venus« in die Akasha-Aufzeichnungen von etwa 5000 Menschen gleichzeitig Einblick nehmen. Sie stellte fest, daß jede einzelne Seele die Umstände ihres Körpertodes, so schrecklich und leidvoll sie waren, selbst gewählt hatte, um eine bestimmte Bewußtseinsentwicklung zu erzielen. Das half ihr, sich selbst von der gefühlhaften Identifizierung mit dem Leid jener Menschen zu lösen. Sie erkannte die Ursachen für die Entscheidung der Seelen, unter bestimmten Lebensumständen Erfahrungen zu sammeln und daran zu wachsen. (Damit kein Mißverständnis entsteht: diese Einsicht darf keineswegs als Freibrief mißdeutet werden, Not nicht zu lindern oder leidgeprüften Menschen nicht zu helfen! Ganz im Gegenteil: je liebevoller wir selbst uns für andere einsetzen, desto inniger kann sich Liebe als Lebensprinzip, als eigene Erfahrung, für uns und andere auswirken.) Es geht also um die Offenbarung, daß hinter allem Geschehen ein schöpferischer Sinn steht. Als das Geistwesen, das sich Mutter Venus nannte, dieses erfuhr, wurde der ganze Sitzungsraum von Licht und Energie erfüllt. Dieses Geistwesen eines anderen Planeten erkannte, daß es für die hinscheidenden Seelen hilfreicher war, ihnen ihren Übergang zu erleichtern, als sich selbst vom Schmerz der Todesumstände wie betäuben zu lassen.

Die Frau, die bisher als Kanal für dieses Geistwesen gedient hatte, geriet in dem Augenblick, als sich für »Mutter Venus«

148

diese Klärung ergab, in ein früheres Leben zurück. Sie sah sich auf einer Streckbank in einer Folterkammer, sie wurde auf unvorstellbare Weise gepeinigt, weil sie zu den Bauern in ihrem Dorf von geistigen Dingen gesprochen hatte. Sie hatte ihnen gesagt, daß jeder Mensch Kind Gottes sei, daß jeder Mensch einen direkten Kontakt mit Gott aufnehmen könne, ohne sich an die Priester zu wenden, sie hatte über die Himmelfahrt gesprochen. Die christlichen römischen Machthaber ergriffen sie und versuchten sie dazu zu bewegen, diesen Ansichten abzuschwören. Die Bauern konnten sie nicht verteidigen. Sie war aber nicht bereit, die angeblich häretische Aussage, daß jeder Mensch direkten Kontakt zu Gott pflegen könne, zurückzunehmen. Also wurde sie gefoltert, geviertelt und kam jämmerlich um.

Durch diese inneren Erfahrungen erkannte diese Frau plötzlich, warum sie in diesem Leben als Medium fungierte. Sie arbeitete als Kanal, weil sie nicht den Mut hatte, ihr eigenes intuitives Wissen auszusprechen. Es schien ihr einzig sicher zu sein, höhere Weisheitslehren, die Teil ihres eigenen multidimensionalen Seins waren, als Medium – sozusagen als Anleitung von »anderen« – weiterzugeben. Derartige Geistwesen sind aber nicht unbedingt von uns getrennte Wesen, sondern oft vielmehr ein bestimmter Aspekt unseres eigenen Bewußtseins. In dieser Sitzung erfuhr sie eine tiefgreifende Wandlung ihrer selbst, weil sie erkannte, daß sie aus einem Schutzbedürfnis heraus als Medium arbeitete.

Ich selbst würde mich nie als Medium oder Person mit psychischen Kräften oder als »Kanal« bezeichnen. Ich stelle mich den Klienten nicht in dieser Funktion zur Verfügung. Eines der Prinzipien unseres Light-Institutes besteht genau darin, daß wir anderen Menschen helfen, diese Fähigkeiten, ihr eigenes Selbst direkt zu befragen, selber zu entwickeln. Vielleicht haben einige Klienten schon positive Erfahrungen damit gemacht, zu Medien zu gehen und durch sie wertvolle Informationen zu erhalten, oder über »Kanäle« mit Geistwesen in Kontakt zu treten. Vielleicht haben sie also solche Erlebnisse, die ihnen über den Schmerz beim Tod eines geliebten Menschen oder beim Bruch einer Beziehung hinweghalfen, vielleicht haben sie auch eine Hilfe für geschäftliche Entscheidungen erhalten. In Atlantis, in Ägypten, in Griechenland, in allen Menschheitsepochen haben wir uns der Seher und Seherinnen bedient, haben wir uns der Talente und Gaben jener bedient, die weiterentwickelte Fähigkeiten besaßen als wir, und das war wunderbar.

Aber wir befinden uns jetzt in einer neuen Phase der Evolution in dieser Welt, die wir bisher nie gekannt haben. Wir sind jetzt in der Lage, unsere eigenen Priester und Priesterinnen, unsere eigenen Lehrer und Seher zu sein! Um zu bewußten Mitschöpfern zu werden, müssen wir diesen Schritt nun auch wirklich vollziehen. Im Institut helfen wir den Menschen, daß sie sich auf diese Weise selbst helfen. Wir tun es nicht für sie. Wir helfen ihnen, daß sie sich auf ihr höheres Selbst einstellen, und von da an führt sie ihr eigenes höheres Selbst.

Ich möchte hier gerne einen besonders aufregenden Aspekt unserer Arbeit im Institut erwähnen. Sehr oft arbeite ich mit Medien, Heilern und Menschen mit psychischen Fähigkeiten zusammen. Denn je mehr solche Menschen in sich klären können, je mehr neue Bewußtseinsdimensionen sie sich erschließen, desto mehr können sie anderen Menschen helfen. Je weiter ihre Vision ist, desto geringer sind ihre Voreingenommenheiten. Im letzten Jahr habe ich mich besonders darum gekümmert, jenen körperlosen, nicht inkarnierten Geistwesen, die mit und durch die Medien und Heiler arbeiten, die zu mir kommen, von inneren Ebenen her in der Entwicklung zu fördern. Ich nehme Kontakt zu diesen Geistwesen auf und lasse sie ihre Geschichte erzählen. Das hilft ihnen, sich ihrer selbst bewußter zu werden und ihre emotionalen Verhaftungen zu klären. Dadurch wird es den Geistführern möglich, sich von Begrenzungen ihres eigenen Erinnerungsvermögens und ihres eigenen Emotionalkörpers freier zu machen und dann von höheren geistigen Standpunkten aus den Menschen unter ihrer Führung besser zu helfen. Sie können sich also auch ohne neue Inkarnation über die Begrenzungen ihrer letzten Lebenserfahrungen vor tausend oder zweihundert Jahren befreien und höhere Standpunkte einnehmen. Es ist faszinierend, miterleben zu können, wie nicht nur körperlich anwesende Menschen, sondern auch Geistwesen von unserer Arbeit Nutzen ziehen können.

Wir befinden uns in einem wundervollen und gleichzeitig zunächst rätselhaftem Tanz der Zeit. Als Kollektiv der Menschheit, die zur Zeit auf dieser Erde lebt, sind wir an einer entscheidenden Initiationsschwelle angelangt. Als Kollektiv arbeiten wir zur Zeit an unserem Kehlkopfzentrum, dem Chakra, das mit Urteilen und Bewertungen, auch über uns selbst, zusammenhängt. Wenn es nun darum geht, in sich selbst die Kraft zu mobilisieren, die uns mit dem höheren Selbst in Verbindung treten läßt, tauchen in der Praxis oft folgende Problemstellungen oder Konflikte auf: Jemand fühlt sich sehr schwach, von Drogen oder einem Geistführer abhängig, er fühlt sich unfähig, einen geistigen Aufschwung zu wagen. Er denkt sich vielleicht: »Ja, wenn ich eine innere Offenbarung erlebte, würde mir dies den Impuls geben, die Kraft, daß ich mich aufraffe und auch im äußeren und inneren Leben von mir aus etwas ändern kann. Solange dies aber nicht geschieht, bin ich für jede geistige Entwicklung von mir aus zu schwach.« Der Gegenstandpunkt lautet bekanntlich: solange ich mich nicht auch im äußeren, zumindest ein wenig, um innere Öffnung bemühe, solange ich nicht zum Beispiel einmal faste oder zu meditieren beginne, solange kann sich auch keine innere Offenbarung ereignen.

Wie kann man nun aus diesem Dilemma herauskommen? Worin liegt der »Trick«, vermittels dessen man sich aufraffen und der Verführung in niedrigeren Bewußtseinsebenen entziehen kann? Und die ganze Problemstellung wird noch dadurch kompliziert, daß wir derartig festgefügte Meinungen und Vorurteile über die Umwelt und über uns selbst hegen, daß wir besonders unwillig sind, diese Vorstellungen und Projektionen loszulassen. Wir verharren sehr oft im »Image«, das wir der Welt von uns selbst produziert haben und verteidigen entschlossen unsere Einstellungen und Anschauungen. Wie können wir also diese Denkgewohnheiten aufgeben? Ich habe die zeitlose Antwort: »Mensch, erkenne dich selbst«, als einzig gültige Antwort immer und überall bestätigt gefunden. Und da wir nun, wie gesagt, im Begriff sind, unser Kehlkopfzentrum fortzuentwickeln – also die geistigen Erkenntnismöglichkeiten – könnten wir uns der Auseinandersetzung mit dieser Antwort, »Mensch, erkenne dich selbst«, sehr bewußt stellen.

Dazu ist es notwendig, aber auch möglich, den ersten äußeren Schritt in diese »Initiation« der bewußten Auseinandersetzung wirklich zu machen. Es ist der erste Schritt hinein in den Kanal oder den Trichter, der uns schließlich durch einen Strudel des Dunkels ins Licht ziehen wird. Die Menschen, die hierher nach Galisteo kommen, machen diesen ersten Schritt. Es mögen sehr erfolgreiche Geschäftsleute sein, Präsidenten von Großbanken, führende Politiker, berühmte Showstars etc., die spüren oder erkennen, daß es mehr als nur den Erfolg auf diesen Ebenen gibt. Sie wissen, daß das Image, welches sie der Welt präsentieren, am Ende nicht zählt, daß es nicht genug ist, daß sie der Unruhe in sich nachgehen müssen. Sie beginnen eine Suche, ohne am Anfang genau zu wissen, warum und wonach sie suchen. Der Keim, der ihre Suche auslöst, kann nicht von uns gelegt werden – er kommt aus der Ebene ihrer eigenen Seele. Diesem Keim ist schicksalhaft bestimmt, in diesem Leben aufzugehen, und deshalb machen sie sich auf den Weg. Dieser Weg mag sie zu Drogen, zu Büchern, zu Medien oder zu Gurus führen. Und von dort aus gehen sie weiter auf dem Weg zur Selbsterkenntnis. Wir im Light-Institute können ihnen die Hilfe anbieten, mit ihrem höheren Selbst Verbindung aufzunehmen.

Wenn diese Menschen nun andere Dimensionen, frühere Leben, Spiegelungen ihrer verkrusteten Selbstbilder etc. wahrnehmen, fällt ihnen das Loslassen leichter. Sie fassen nach, sie graben tiefer, sie erforschen mehr von sich selbst. Sie beginnen die Ursachen von vielen Belastungen zu erkennen und entwickeln die Bereitschaft und die Fähigkeit, diese Ursachen aufzulösen. Zum Beispiel kommen öfters Menschen mit akuten oder chronischen Krankheiten. Wenn sie nun in den Erlebnissen anderer Dimensionen auf die Ursachen ihrer Krankheiten stoßen, verschwinden ihre Beschwerden und Symptome häufig wie von selbst. Der physischen oder emotionalen Manifestation von Konflikten und Schwierigkeiten wird der Boden entzogen, indem ihre Ursachen geklärt werden. Nehmen wir an, jemand sucht sich immer wieder Partner aus, die ihn nicht so lieben wie er sie. Sobald nun der Klient dieses Verhalten in früheren Leben wiedererkennt, sobald er es auf verschiedenen Ebenen seines vielschichtigen Seins erfährt, kann er während der Sitzung die Schwingung dieser Energie loslassen. Er kann während der Sitzung die Verhärtungen jener Gewohnheit, die sich bis in die Zellstruktur niedergeschlagen haben, auflösen und sie durch einen Strom von Licht und Liebe ersetzen. Deshalb sprechen wir ja vom Schmieden der Energien, weil es in den Sitzungen eben vor allem um die Erfahrung geht, welche Energien auf welche Weise in uns wirken, und wie wir die Frequenz dumpfer, unbewußter oder negativer Schwingungen in höhere, lichtere Frequenzen wandeln können.

Ich muß den Menschen hier nicht sagen, daß sie keine Drogen benutzen, keinen Alkohol trinken, kein Fleisch essen und statt dessen meditieren sollen. All dies vollzieht sich ganz von selbst – angeregt durch die Veränderung der Energieströme in ihnen. Die Arbeit und die Erfahrungen in den Sitzungen bewirken, daß die Energien im Menschen in einer Weise vibrieren, daß »Schlacken« gelockert und abgeworfen werden. Und wenn man in den Sitzungen höhere, beseligende Bewußtseinszustände erfährt, machen Drogen nicht mehr so viel »Spaß«. Wenn man in den Sitzungen auf ganz natürliche Weise Farben, sich selbst und andere Menschen usw. sehen kann, dann wird einem unter dem Einfluß von Drogen die Isolierung, in die man sich mit Drogen begibt, klarer. Die dichte, dunkle und niedrigere Schwingung der Drogenzustände wird dann direkt erlebbar, weil man eine Vergleichsmöglichkeit besitzt.

Wenn man jeden Tag Kopfschmerzen hat, ist es sehr schwer, morgens früh aufzustehen, um einen längeren Spaziergang zu machen, nur weil man sich der positiven Wirkung von körperlicher Bewegung bewußt ist. Selbst wenn man weiß, daß der beschleunigte Kreislauf, die erhöhte Sauerstoffaufnahme und -umsetzung im Blut Schlacken auswaschen und die Lebenskräfte aktivieren, nutzt einem das ganze Wissen nichts, solange man sich wegen der Kopfschmerzen zu schlapp fühlt, den Spaziergang wirklich zu unternehmen. Das wird anders, wenn man in den Sitzungen mögliche Ursachen für die Kopfschmerzen erkennen kann. Es mag sein, daß man erlebt, wie man zu Tode kommt, weil man mit dem Kopf voran einen Abhang hinunterstürzt, man mag erleben, daß man erschlagen wird oder irgend etwas anderes. Wir arbeiten in den Sitzungen so, daß nach derartigen Erkenntnissen die Verspannungen und Verhärtungen, die Erinnerungsschlacken und Kristallisationen in den Zellen durch Aufnahme von Licht und Liebe aufgelöst, weggewaschen und durch Licht ersetzt werden. Damit hören nicht nur diese Kopfschmerzen auf, sondern auch all die davon verursachten Selbstbeschränkungen und Beschwerden.

Wenn man einmal in einem Leben getötet wurde, indem einem der Schädel zertrümmert wurde, erinnert sich der Körper daran! Der Körper erinnert sich daran, daß er »Opfer« war, sterben mußte, und all diese Gefühle gehen nicht verloren, sie werden aufgezeichnet. Wenn nun diese Erinnerungen geklärt und gelöst werden, spürt man keine Notwendigkeit mehr, sich ständig hinzulegen, weil man Kopfschmerzen hat. Und dieser Ausgleich im physischen Körper bringt auch eine positive Entwicklung für den Emotionalkörper mit sich. Man nimmt weniger schädliche Nahrungsmittel, Getränke oder Chemikalien in sich auf, man fängt etwas Neues an, hat damit Erfolg, damit beginnt man innerlich und äußerlich stabiler zu werden und strahlt neue Lebenskraft und Lebensfreude aus. Oft genug passiert dies zunächst unbewußt und macht sich nur über eine Aufhellung der Aura bemerkbar, die – ebenfalls unbewußt – einen neuen Partner anziehen mag, der sich dem Menschen liebevoll zuwendet. Der Betreffende erfährt eine völlig neue Prägung: oh, ich habe ja Spaß am Leben, das habe ich bisher noch gar nicht gewußt. So gewinnen die Menschen aufs neue Spaß am Leben, sie nehmen wieder am Leben teil.

Je mehr ich in meiner Arbeit und auch für mich privat

meinem höheren Selbst vertraue, je mehr ich mich auf die Erkenntnis einlasse, daß ich – gleich, unter welchen Umständen – gar nicht versagen kann, je mehr ich mich bereitgefunden habe, etwas Neues auszuprobieren oder eigene Verantwortung zu übernehmen, je mehr ich meine eigenen negativen Gedankenformen und Gefühlsschlacken geklärt habe, die mich denken ließen, daß ich zu geringwertig oder zu ohnmächtig sei, desto mehr bin ich von innen heraus von der Energie erfüllt worden, die mir große eigene Kräfte zufließen ließ.

Als ich 42 war und mit meinem sechsten Kind schwanger ging, war ich mir darüber klar, daß ich die Schwangerschaft und die Geburt als die besondere Gelegenheit zu einer außerordentlichen Initiation verstehen sollte. Nur Frauen können physisch gebären. Männer können wohl geistig oder emotional »gebären«, aber nicht körperlich. In der chinesischen Medizin heißt es, daß deshalb nur die Frau die außerordentliche Chance hat, sich durch Schwangerschaft und Geburt gleichzeitig auch von allen alten Ablagerungen, Belastungen und Zellschlacken zu reinigen. Alte Energieformen werden ausgeschieden, neue Energie kann die Frau erfüllen. (Dies mag übrigens auch ein Grund dafür sein, daß Frauen länger leben als Männer.) Frauen können durch diesen Vorgang also nicht nur einem anderen Wesen zur Geburt verhelfen, sondern selbst neugeboren werden.

Da diese sechste Schwangerschaft meine letzte sein würde, wollte ich sie in besonderer Weise bewußt erleben und zu meiner eigenen Entwicklung einsetzen. Ich hatte bereits mein fünftes Kind allein zur Welt gebracht, so daß ich mit dem Gedanken vertraut war, Verantwortung für meinen eigenen Körper und für das Kind zu übernehmen. Auch bei der Geburt von Tio waren weder Arzt noch Hebamme anwesend, und ich zog sie selbst ans Licht der Welt, trennte die Nabelschnur und konnte damals einmal mehr erleben, daß wir nicht ohnmächtig zu sein brauchen, sondern alle Kraft in uns tragen. Diese fünfte Geburt fand auch zu Hause statt. Der Geburtsvorgang ist wirklich eine der herausragenden Gelegenheiten, in denen die Frau selbst Kontrolle übernehmen und einen ekstatischen Zustand erleben kann. Niemand anders als man selbst weiß wirklich ganz genau, wann man wo ein wenig drücken oder helfen muß. Die ganze Aufmerksamkeit der Frau ist beim Geburtsvorgang sehr scharf und intensiv auf die Abläufe ausgerichtet, alle körperlichen, emotionalen und geistigen Systeme sind fast nur darauf eingestellt. Ich wollte also schon damals nicht, daß jemand von außen in diesen wunderbaren Prozeß eingreift. Es war ein faszinierendes und tiefgreifendes Erlebnis für mich, selbst die Nabelschnur zu durchtrennen und damit Tio sozusagen in eine eigenständige Existenz zu entlassen.

Als ich in meine sechste Schwangerschaft kam, wollte ich – wie es sicherlich alle werdenden Mütter wünschen – diese Geburt zur schönsten und vollkommensten Geburt machen; ich wollte das Erlebnis der fünften Geburt noch weiter erhöhen und intensivieren. Ich hatte die feste Absicht, diese Geburt als ein Instrument der Wandlung für mein eigenes Leben zu benutzen. Ich hatte vor, mich nicht nur von alten Energien zu lösen, wie es die chinesische Medizin beschreibt, sondern wollte mich durch und durch verändern. Ich wollte die symbolische Bedeutung von Geburt auf allen Ebenen bewußt erleben.

Ich hatte davon gehört, daß in Rußland Unterwassergeburten stattfanden. Was ich an Informationen darüber sammeln konnte, war ermutigend. Untersuchungen hatten dort gezeigt, daß die feinen Gehirnzellen, die sich erst während der letzten sechs Wochen der Schwangerschaft entwickeln, bei Unterwassergeburten nicht zerstört werden. Es handelt sich dabei um Gehirnzellen, die mit Telepathie, Bewußtseinserweiterung und höheren Gehirnfunktionen zu tun haben. Sobald ich davon hörte, wußte ich, daß ich mein sechstes Kind auch unter Wasser zur Welt bringen wollte.

Ein Freund erzählte mir, daß es in Neuseeland Stämme gibt, bei denen die Frauen ihre Kinder im Meer gebären. Ich ging davon aus, daß ich genauso wie jene Frauen in Neuseeland mein Kind im Meer gebären könnte. (Dieser Bezug auf neuseeländische Stammessitten sollte sich später übrigens als ein wundervoller kosmischer Witz herausstellen.) Ich wollte für die Geburt nicht in einen dieser Geburtstanks gehen, die es in Amerika inzwischen auch gibt, und bei denen wie normalerweise sonst auch Hebammen und Ärzte und medizinisches Personal anwesend sind. Obwohl diese Methode der Geburt in Wassertanks noch ziemlich neu ist, sind die medizinischen Erkenntnisse und auch die eigenen Erfahrungen der Frauen und Neugeborenen sehr positiv.

Ich hatte zunächst daran gedacht, ans Meer nach Neuseeland zu fahren. Da ich nun Anfang Juli niederkommen sollte, wenn es in Neuseeland Winter war, wäre das Wasser ziemlich kalt gewesen. Und obwohl ich viele körperliche Herausforderungen annehme, mag ich kaltes Wasser einfach nicht. Ich entschied mich statt dessen für die Bahamas. Das Wasser dort ist bekanntlich kristallklar und sehr sauber. Man kann bis zu 10 m tief nach unten sehen. Der Strand der Inseln besteht aus feinem weißen Sand. Ich hatte das Gefühl, daß die Bahamas der richtige Ort für mich wären.

Das Meer symbolisiert das kosmische Bewußtsein und ist die Mutter aller Geschöpfe – um so angemessener erschien es mir, ein neues Wesen dort zur Welt zu bringen. Das Fruchtwasser, in dem der Embryo schwebt, ist wie das Meer. Damit wird das Baby nicht sofort in die feindliche Umwelt der Luft und des Luftdrucks der Atmosphäre geboren, die einen Teil der feinen Gehirnzellen zerstören und das Geburtstrauma verursachen, sondern kann einfach in ein größeres Wasserbad hineingeboren werden als jenes, in dem es sich bislang bewegte.

Die Geschichte mit den neuseeländischen Eingeborenen, die ihre Kinder im Meer gebaren, stellte sich übrigens als unzutreffend heraus. Sie erzählten von der Geburt im Meer im Zusammenhang mit ihrer Mythologie; sie sprachen in ihren Mythen davon, daß die Götter eines Tages zur Erde herabkamen und die späteren Urväter und Urmütter der Menschen im Meer gebaren. Dennoch: die Tatsache, daß ich all dies erst später erfuhr, trug mit dazu bei, daß ich mich zunächst durch die scheinbare Realität in Neuseeland ermutigt fühlte, das gleiche auf den Bahamas zu vollziehen. Ich hatte also für mein Vorhaben einen Bezugsrahmen, ich hielt es nicht für »unmöglich« oder »unnatürlich«. Ohne diese Geschichte aus Neuseeland hätte ich das ganze vielleicht gar nicht begonnen. Im Peace Corps in Lateinamerika hatte ich öfters miterlebt, wie Frauen Kinder selbst zur Welt bringen, sie wuschen, sie an die Brust nahmen und dann ihren ganz alltäglichen Beschäftigungen weiter nachgingen. Geburt war für mich immer eine sehr natürliche Angelegenheit gewesen. Ich hatte erfahren, daß wir unsere Macht über unseren eigenen Körper nicht an andere abgeben und uns nicht zu Opfern fremder Eingriffe machen müssen. Warum sollten wir uns an ein Bett fesseln lassen oder in irgendeine unnatürliche Lage begeben? Warum sollten wir den Fluß der Ereignisse von anderen kontrollieren lassen? Für mich ist das bewußte Gestalten und Erleben des Geburtsvorgangs ein wesentliches Beispiel dafür, wie wir Energien schmieden können.

Wenn ich heute auf das Geschehen damals zurückblicke, so kann ich nur sagen, daß wohl allein die Reinheit meiner Absicht damals zum Erfolg geführt hat. Das Risiko, ein Kind im Meer zu gebären – ohne jede Hilfe – ist wohl doch ziemlich groß gewesen. Man denke nur daran, daß viele Geburten nachts erfolgen. Und wir konnten ja auch vorher nicht wissen, ob in den Stunden der Geburt das Wetter mitspielte, ob es regnen oder zu kalt sein würde, ob vielleicht andere Menschen am Strand entlang kämen oder mit Motorbooten durchs Wasser pflügten, usw. Aber meine Absicht war damals sehr klar, und ich sah bereits die Geburt vor meinem geistigen Auge.

Wir haben natürlich trotzdem alle möglichen komischen Vorbereitungen treffen wollen. So haben wir auf einer Insel im Sandstrand eine Grube ausgehoben und mit Wasser gefüllt, falls zur Stunde der Geburt gerade Ebbe gewesen wäre. Und auf einer anderen Insel haben wir Holz für ein großes Feuer angehäuft, für den Fall, daß die Geburt in der Nacht stattgefunden hätte. Es waren hauptsächlich die männlichen Teilnehmer unserer kleinen Familiengruppe, die auf diese Weise Vorkehrungen für alle möglichen Eventualitäten treffen wollten. Ich war innerlich und äußerlich durch meine bisherigen Geburten schon vorbereitet. Natürlich hatte ich ein Instrument mit dabei, um die Nabelschnur zu trennen und auch einige Heilkräuter und Medikamente, um Blutungen zu stillen und dergleichen mehr. Da aus meiner Sicht alle notwendigen Vorbereitungen getroffen waren, fühlte ich mich ganz frei, um diese Initiation einer neuen Geburt bewußt auf vielen Ebenen gleichzeitig mitzuerleben. Ich spürte, daß ich die Kontrolle selbst übernommen hatte.

Das Baby kam sehr spät; wir warteten drei Wochen lang und schwammen jeden Tag im Meer. So wurden wir mit dem Element des Wassers noch vertrauter und lernten die einzelnen Fische kennen, die sich an bestimmten Standorten aufhielten. Am Tag vor der Geburt schwamm ich ungefähr 20 m von der Stelle entfernt, an der danach die Geburt stattfand. Zwischen den Korallen hielt sich dort ein fast zwei Meter langer Barracuda auf, der sich mit dem Vater des Babys um Fische stritt. Barracudas haben einen klaren Territorialanspruch. Ich lernte also sogar einzelne Fische, die in der Nähe des Geburtsortes lebten, ganz persönlich kennen.

Am Tage der Geburt waren nicht nur ich, sondern auch meine Kinder, der Vater des Kindes und ein Freund von mir auf die Geburt wohlvorbereitet. Dieser Freund hatte noch nie eine Geburt selber miterlebt. Ich hatte ihm gegenüber sehr klar zum Ausdruck gebracht, daß es meine eigene Angelegenheit bleiben würde, selbst dann, wenn Komplikationen aufträten. In Amerika lehnen es selbst Hebammen oft ab, Hausgeburten von Frauen zu begleiten, die schon so viele Kinder zur Welt gebracht haben wie ich und die ihr Kind in diesem relativ hohen Alter bekamen. Ich hatte mit jedem in unserer kleinen Gruppe darüber gesprochen, daß es die ganze Zeit hindurch meine ureigene Entscheidung bleiben mußte, was geschah, wie ich mich verhielt, was unternommen werden sollte. Das löste natürlich ganz interessante neue Überlegungen aus: wann durfte man in das Karma eines anderen Menschen eingreifen? Wann mußte man jemanden »retten«, oder wann mußte man den Dingen ihren Lauf lassen?

Die Geburt ging dann ideal vonstatten. Jedes meiner Kinder übernahm eine Aufgabe. Meine damals zwölfjährige Tochter, die Medizin studieren will, hielt die Gerätschaften, um die Nabelschnur zu trennen. Jeder hatte eine Rolle, und jeder spielte seine Rolle vollkommen. Meine Yang-Kraft war während der Geburt sehr aktiv, das Ineinanderwirken der Beteiligten zu »orchestrieren«. Damit ist natürlich auch ein Nachteil verbunden. Wenn man ohne die Hilfe von Hebammen oder Ärzten gebiert, muß man sich um alles selber kümmern und kann sich nicht einfach nur dem Erleben überlassen. Ich spürte einen Energierausch in dem Augenblick, als das Baby aus mir heraus ins Meer flutete.

Später dann, als ich einen genauen Bericht über die Geburt auf Tonband sprach, um anderen Menschen über Zeitungsartikel und Bücher meine Erfahrungen mitzuteilen, ereignete sich etwas Ungewöhnliches: Als ich zur Beschreibung des tatsächlichen Geburtsvorgangs kam, verfiel ich in einen Samadhi-Zustand. Während der Geburt selbst war mein spirituelles Bewußtsein vom funktionalen Bewußtsein überdeckt. Ich hatte das Ereignis der Manifestation lediglich als Energierausch erfahren. Nun, während ich mir die Ereignisse wieder in Erinnerung rief, war ich auch auf der spirituellen Ebene für das Erleben frei. Das war ungefähr drei Wochen nach der Geburt.

Während des Berichts setzten die verschiedenen Ebenen und Facetten meines multidimensionalen Seins jene Bewußtseinserfahrungen frei, die damals zwar genau registriert wurden, die ich aber nicht im einzelnen nachvollzogen hatte. Damit setzte ein Energiestrom ein, der zum Einbruch von kosmischem Bewußtsein in mein Tagesbewußtsein führte. Vielleicht kann nur die Todeserfahrung eine ähnlich tiefgreifende Bewußtseinserweiterung bewirken. Die Geburt selbst erlebte ich als die Yang-Manifestation, in der ich selbst die schöpferischen Kräfte kontrollierte. In der Erinnerungsphase drei Wochen danach erlebte ich den Yin-Aspekt jener Erfahrung als Verschmelzen mit der Lebenskraft.

10.

Neu Mexiko – Der Zauber des Lichts

Ich hatte also die Erfahrung der Rückkehr an die Quelle unseres irdischen Lebens auf gewisse Weise vollzogen. Wir haben uns, so sagt die Wissenschaft, aus Einzellern im Wasser entwickelt, und ins Wasser des Meers ging ich zurück, um einem neuen Leben zur Geburt auf diese Erde zu verhelfen. Galisteo, mein Wohnort und der Ort des Light-Institutes, liegt in einer großen Bergsenke, die früher einen Binnensee beherbergt hatte. Man hat in den Bergen rund um Galisteo Fossilienfunde gemacht, die auf Seeleben hinweisen. Vom ersten Mal an, als ich nach Galisteo kam, spürte ich die besondere Energie in dieser Bergsenke wie das Meer in großen Wellen und tiefer Dünung hin und her fluten. Ich spürte von Anfang an – hier in der Hochwüste Neumexikos auf rund 2000 m Höhe – wie ein wassergleicher Energiestrom strömte.

Für meine Arbeit ist dieser Aspekt der sozusagen flüssigen Energie bedeutsam, weil ich diese Energieform als Ausdruck des »New Age«, des Wassermannzeitalters ansehe. Und ein Fließen von Energien repräsentiert auch, wer wir selbst wirklich sind. Rund um Galisteo erheben sich Bergrücken aus Vulkangestein. Diese Bergrücken bestehen aus schwarzem Basalt, in dem sich eine Fülle von Felszeichnungen und -gravuren aus prähistorischen Zeiten finden. Diese Felszeichnungen und Schriftsymbole erzählen etwas von der Geschichte der Menschen vom Anbeginn der Zeiten bis vor ungefähr hundert Jahren. Zwischen zweien dieser Bergrücken schwingt und pulsiert Energie in einer Weise, wie wir es zum Beispiel vom Nachklang tibetischer Gongs oder von Obertönen kennen. Die Energie baut sich zwischen diesen beiden Polen auf

161

und erzeugt eine Frequenz, die wie eine vibrierende Energie-spirale wirkt. (Eine solche Energieschwingung ist übrigens auch in der Nähe von Ufos zu spüren.) Kurz: Galisteo ist ein »Ort der Kraft«.

Dieses Hochwüstenbecken rund um Galisteo wird aber noch von einer anderen Kraft durchdrungen: von der Schwingung unterirdischer Kristalle. Galisteo stellt einen Energie-wirbel dar, der einen aus Zeit und Raum herauszusaugen imstande ist. Dieser Strudel kann indes auch Informationen und Erkenntnisse aus anderen Dimensionen in uns »hinein-wirbeln« und die geschichtlichen Prägungen verschiedener Epochen vermitteln. Das bezieht sich nicht nur auf die Ge-schichte der Indianer dieser Region, sondern auch auf zukünf-tige Entwicklungen und Ereignisse auf der Erde. Ich habe selbst viele Zukunftserlebnisse hier gehabt. Galisteo ist also eine Art Energie- und Zeitschleuse.

Überall in der Welt gibt es »Orte der Kraft«. Sie haben alle eine eigene Energie und eine eigene Funktion für Mutter Erde; sie liegen entlang bestimmter Meridiane dieses Plane-ten. So wie es Akupunkturpunkte und -meridiane in unserem Körper gibt, so gibt es ein entsprechendes System auch für die Erde. Galisteo ist nach meterologischen Karten einer der Orte, vielleicht sogar *der* Ort, mit dem geringsten Luftdruck! Er wirkt also wie ein Fenster zum Himmel. Als ich diese Information über den Luftdruck erhielt, befand ich mich bereits mitten in meiner Akupunkturarbeit. Ich empfand diese Tatsache als eine Bestätigung der Sychronizität, aber auch als ein Stück des kosmischen Spiels, daß ich die esoteri-schen »Fenster zum Himmel«-Akupunkturpunkte an einem Ort verwenden sollte, der selbst vom Luftdruck her ein »Fen-ster zum Himmel« darstellte.

Seit ich in Galisteo lebe, habe ich viele Erfahrungen mit den besonderen Energien hier machen können. Die heiligen Energien der Indianer und die heiligen Energien der Tiere sprachen zu mir. Ich erfuhr Wissen über sie, und sie leiteten mich. Ich nahm auch Kontakt auf zu galaktischen Energien, die an sich nicht zur Erde gehören. Es sind jene Strömungen, welche die Barrieren durchbrechen und das Formlose hier auf der Erde manifestieren können. In diesem Zusammenhang will ich kurz eines von mehreren Erlebnissen erzählen, die ich in der Gegend um Galisteo mit Ufos hatte.

Meine Tochter Megan, die damals 11 Jahre alt war, und ich saßen im Auto und wollten vor der kleinen Kirche gerade nach links abbiegen, um die Post zu holen. Ich hatte nur kurz das Auto angehalten, um zu sehen, ob die Straße frei war. Es war ein klarer strahlender Sonnentag, um die Mittagszeit herum, wir waren in keiner Eile. Plötzlich tauchten hinter der Kirche drei kleine silbrige Luftgefährte auf. Sie flogen ungefähr 20 Meter vor uns. Sie flogen so niedrig, daß sie tiefer als der Wipfel des Baumes waren, der am Hügel hinter der Kirche steht. Obwohl ich zuvor schon etliche Male Ufos gesehen hatte, wenn auch nicht in dieser besonderen Form, dachte ich doch zunächst an die Luftwaffe, die ca. 100 Meilen entfernt in Albuquerque einen Fliegerhorst unterhält. Ich dachte: warum müssen die denn so verdammt niedrig hier herumfliegen. Sie flogen also wenige Meter über dem Boden zwischen uns und der Kirche entlang quer über das Becken von Galisteo und auf eine Bergformation zu, die wir die »Welle« nennen. Zwei dieser eigenartigen Luftgefährte flogen direkt auf die »Welle« zu und in sie hinein! Sie verschwanden einfach im Gestein des Hügels! Und als ich mich nach dem dritten silbrigen »Etwas« umsah, entdeckte ich es einen Moment lang wie in der Luft stillstehend, und dann verschwand es vor unseren Augen ins Nichts.

Megan und ich saßen einen Augenblick lang wie benommen im Auto. Dann sagte Megan zu mir: »Mom, die hatten gar keine Flügel.« Tatsächlich mußte ich bestätigen, daß sie wie sehr kleine Zeppeline ausgesehen hatten, und ich sagte zu Megan: »Hast du irgendwelche Motorengeräusche gehört?« Und wir stellten beide fest, daß sie keinerlei Geräusche verursacht hatten. Und das silbrige ihrer Außenhaut schien wie flüssiges Quecksilber. Wir erkannten schließlich beide gleichzeitig auch auf der rationalen Ebene, daß wir soeben drei Ufos gesehen hatten. Und wir hatten mit eigenen Augen beobachten können, daß sie ins Nichts verschwanden. Das ist ein Aspekt der Energie hier rund um Galisteo.

Was sollten wir mit diesem Erlebnis machen? Wir beide hatten mit offenen Augen und Ohren am hellichten Tage dasselbe wahrgenommen. Wir konnten unser Erlebnis nicht wegrationalisieren, die Wirklichkeit ließ nicht zu, daß wir uns in eine der üblichen Floskeln flüchteten, die für Ufos manchmal verwendet werden. So heißt es dann, daß eine ungewöhnliche Wetterformation oder geheime Flugzeugprototypen, aber nicht Ufos gesichtet worden seien. Was sind nun Ufos? Ich meine, daß manche der »Ufos« durchaus menschgemachte neue technologische Luftgefährte sein mögen. Viele der »Ufos« sind aber tatsächlich das, als was sie wahrgenommen werden. Sie sind Brücken der Kommunikation zwischen galaktischen Gesellschaften und uns hier auf der Erde. Es sind meiner Meinung nach Raumschiffe von Gruppen und Zivilisationen aus einem anderen Bereich des Weltraums, die mit uns Kontakt aufnehmen. Dabei können Ufos durchaus Lichtkörper darstellen, die als Kontaktmedium geschaffen wurden, aber eben nicht aus Stahl oder anderen materiellen Strukturen, sondern aus Licht bestehen.

Neumexiko ist ein Land strahlenden Lichts. Hier im nördlichen Teil von Neumexiko, auf 2000 m Höhe und mehr, ist der Himmel oft tief blau unter gleißender Sonne. Da die Landschaft im allgemeinen nicht sehr üppig und sehr grün ist, nimmt das Licht eine besondere Qualität an. Es ist fast so, als ob man im Glanz eines Regenbogens lebte. Ich habe häufig Regenbögen, auch doppelte Regenbögen, hier erlebt, deren Farbenergie vom Boden geradezu aufgesogen wurde. Nicht umsonst wird Neumexiko auf den Autokennzeichen als »Land der Verzauberung« bezeichnet.

Auch wir bestehen aus Licht! Unsere physischen Körper, die wir zum Leben auf der Erde benutzen, bestehen letztlich aus Licht! Wenn man von der uns allen möglichen Bewußtseinsentwicklung spricht, so geht es auch um die Funktion unserer Lichtkörper, mit denen wir durch Wände gehen können, in denen wir uns an zwei Orten gleichzeitig aufhalten und erscheinen und wieder verschwinden können. Das müssen wir noch erlernen: daß unsere Körperschwingung so schnell pulsieren kann, daß wir unsere Lichtkörper bewußt wahrnehmen und benutzen können. Auch die moderne Wissenschaft hat inzwischen ja erkannt, daß Materie eine kristallisierte Form von Energie ist, und sich die verschiedenen Energieformen im Inneren von Molekülen und Atomen als ein rhythmischer Tanz von Licht darstellen. Wir finden damit eine sehr anschauliche Übereinstimmung zwischen dem lichterfüllten Makrokosmos und dem ebenfalls lichterfüllten Mikrokosmos vor.

Galisteo und sein besonderes Kraftfeld tragen entscheidend mit dazu bei, daß die Struktur unserer verschiedenen Körper bis hinein in die Molekularstruktur unserer Zellen gewandelt wird, daß sie von höheren Schwingungen in eine Entwicklungsspirale gezogen werden, die uns neue Bewußtseinsdimensionen zugänglich macht. Wir werden dann auch an dem Geschehen teilnehmen können, das sich hinter dem Phänomen der Ufos verbirgt. Ufos bewegen sich mit höherer als Lichtgeschwindigkeit, sie bewegen sich zwischen unserer Raum-Zeit und negativer Raumzeit hin und her, sie treten ein in die »schwarzen Löcher« formlosen Seins, und kommen zurück in definierte Formen materieller Existenz.

Berichte darüber, die wir heute allzugern als »Mythologie« abtun, gab und gibt es in allen Zeiten und Kulturen genug. Wir kennen auch Geschichten von ekstatischen Heiligen, die sich selbst auflösen oder an mehreren Orten gleichzeitig erscheinen konnten. Entmaterialisierungen und Materialisierungen – man denke an den Wunderheiligen Sai Baba – wurden und werden immer wieder von vielen Menschen bezeugt. Man denke an das Erscheinen mystischer Engel oder auch an die vielen Marienerscheinungen im Bereich der katholischen Gläubigen. Das alles sind Vorgänge, bei denen Lichtkörper erscheinen und die Gesetzmäßigkeiten der Lichtenergie benutzt werden.

Auch Jesus bediente sich seines Lichtkörpers, um so vielen seiner Schüler und Schülerinnen zu erscheinen. Er wußte um die kosmischen Gesetze, nach denen sich das ätherische Selbst manifistieren kann.

Ich bin oft gefragt worden, warum ich das Light-Institute nicht in New York oder Florida oder in Los Angeles angesiedelt habe, weil dann doch sicherlich noch mehr Menschen kämen, vor allem sehr Wohlhabende, und ich sehr viel mehr Geld verdienen könnte. Aber dieses von außen betrachtet trostlose Nest Galisteo, an einem entlegenen Ort in der Hochwüste Neumexikos, ist in seiner energetischen Wirkung einzigartig. Natürlich kann man auch an anderen Orten in der Welt Erfahrungen des Lichtkörpers machen. Hier in Galisteo fällt es aber den Menschen sehr viel leichter, sich von alten Begrenzungen, Vorurteilen und Belastungen zu lösen und sich dem Neuen zu öffnen. Die Energie des Lichts, der Wirbel der Energiespirale, ist so intensiv, daß ich gern folgendes Bild benutze: wenn ein Klient 15 Minuten vor dem Haus in der Sonne sitzt und auf den Beginn der Sitzung wartet, ist die Hälfte der Arbeit bereits getan. Ich sehe dann, wie sich die Aura der Klienten buchstäblich erweitert und aufhellt.

Vor ungefähr sechs Jahren gab es eine wichtige Sonnenfinsternis. Viele Wissenschaftler fuhren nach Kenia, um die Finsternis dort, wie sie hofften, besonders gut studieren zu können. Ich war zu jener Zeit auch in Kenia, mit meiner Tochter Tio. Wir waren genau in dem Gebiet der absoluten Sonnenfinsternis. Ich erinnere mich, wie alles um uns herum eine seltsame gelbe Färbung annahm, die Luft stand praktisch still, kein Vogel sang und kein Insekt zirpte, alles wurde plötzlich wie totenstill. Ich fühlte, wie mit einem Mal meine Augen wie mit Röntgenstrahlen alles durchdringen konnten. Aufgrund der besonderen Energie der Sonnenfinsternis sah ich durch die Blätter der Bäume hindurch, durch Grashalme, ich nahm alles um mich herum mit durchdringender Klarheit wahr. Diese Art von Erfahrung konnte und kann man auch in Galisteo machen, selbst wenn keine Sonnenfinsternis stattfindet. Man kann hier das Prana der Luft sehen, man kann durch materielle Strukturen hindurchschauen, obwohl der Boden sehr dicht ist, und sowohl das Vulkangestein wie die Kakteen eine eher kompakte Struktur besitzen.

Das, was sich im Menschen ereignet, wenn er ein Blatt anschaut und bemerkt, daß er sowohl ins Innere des Blattes blicken und die Kapillarverästelungen wahrnehmen wie durch das Blatt hindurchschauen kann, ist dem Vorgang des Todes sehr ähnlich. Der Tod ist eine Erfahrung, die einen Durchgang darstellt, ein Überschreiten bisheriger Grenzen. Das Bewußtsein erfährt die verschiedenen Dimensionen des Lebens und der multidimensionalen Wirklichkeiten als etwas Transparentes, das es durchschauen kann. Bewußtsein selbst ist ein bißchen wie ein Nebel, es ist wie fein glitzerndes Prana, es ist wie eine Versammlung feinster Teilchen, die in gegenseitiger Resonanz schwingen. Der Tod ist eine Art Schleuse oder Brücke, die unser Bewußtsein auf dem Wege in eine größere Wirklichkeit überquert.

11.

Tod ist ebenfalls eine Illusion!

Der Tod ist in den Sitzungen immer als ein Geschenk erfahren worden. Denn durch die Arbeit mit und in früheren Leben haben die Klienten selbst erlebt, daß sie bereits viele Male gestorben sind! Und sobald wir in den Sitzungen die Prägungen durch die Todeserfahrungen, welche tief in den Zellen sitzen, zu lösen vermögen, fühlen wir uns wie befreit. Wir werden von der Angst der Vorstellung befreit, daß das Leben mit dem Tode aufhört. Wir sind vielmehr selbst Zeuge, daß wir auch außerhalb des Körpers auf verschiedenen Ebenen bewußt weiterleben, und uns nach gewisser Zeit von neuem verkörpern.

Wir können durch diese Arbeit mit vergangenen Leben die Gefühlsschlacken aus unserem Emotionalkörper herauslösen, wir können uns von der unbewußt in den Körperzellen eingeprägten Angst vor bestimmten Situationen mit Todesfolge, an die sich unser Körper erinnert, befreien. So mag man in den Sitzungen vielleicht erleben, daß man nacheinander den Tod erfährt, indem in einem Leben der Kopf abgeschlagen wird, man im nächsten Leben in einem Unfall mit dem Kopf an einem Stein aufschlägt und in einem weiteren Leben vielleicht an einer Krankheit im Kopf stirbt. Und in diesem Leben hat man vielleicht unter häufigen Migräneanfällen gelitten und sich über ihre Ursache gewundert. Wenn der Klient nun in den Sitzungen bestimmte Situationen erlebt und danach die in seiner Molekularstruktur festsitzenden Eindrücke herauswaschen kann, erlebt er auch seinen Kopf wieder wie befreit. Ich hatte ja schon einmal kurz mögliche Ursachen vieler Krankheiten angesprochen. Ich stelle in den

168

Sitzungen häufig fest, daß Klienten mit Herzschwierigkeiten, mit Verdauungsbeschwerden oder anderen chronischen Leiden als unmittelbare Todesursache oft eine Verletzung jener Körperteile und Organe erleben, die ihnen jetzt zu schaffen machen. Und ein wunderbarer Aspekt unserer Sitzungen besteht ja gerade darin, daß Problemlösung und Klärung von Schwierigkeiten während der Sitzungen auch nachhaltige physische Erleichterung oder sogar Heilung bewirken können.

Diese Erfahrungen bestätigen meine Ansicht, daß wir vor dem Unbekannten nie wirklich Angst haben, während wir uns vor negativen Erlebnissen, die wir bereits irgendwann einmal kennengelernt haben, fürchten. Wie oft spüren wir unwillkürlich einen Impuls, unseren Bauch oder unseren Kopf oder unseren Rücken zu schützen, ohne daß ein rational erklärbarer Anlaß dafür vorliegt. Solche Reaktionen werden oft von Erinnerungen ausgelöst, die auf der Ebene der Körperzellen und auf der Ebene des Emotionalkörpers gespeichert sind, und sich auf ein umfangreiches Spektrum aus Erfahrungen in früheren Leben beziehen.

Das Mittelalter ist das beste, wenn auch grausigste Beispiel dafür, wie wir uns vom materiellen Aspekt unseres Körpers und von der Materie an sich haben faszinieren lassen und uns in körperliche Ängste verstrickt haben. Als wir uns von der Ebene der Seele, vom Lichtkörper, von unserem multidimensionalen Sein ausgehend auf der körperlichen Ebene manifestierten, sind wir – ich würde sagen, im Mittelalter kollektiv als Gruppe der Menschheit – der Versuchung erlegen, unser Selbst nur in der Materie zu definieren und nur durch die Materie zu erleben. Wir haben die Körper anderer Menschen geviertelt, gerädert, gefoltert, zerschnitten, wir haben uns in wilden sexuellen Verwirrungen verloren, und das alles nur, weil wir etwas »begreifen« wollten, was in Wahrheit nicht materiell ist, sondern Schichten unseres Bewußtseins angehört. Wir versuchten, den Schleier zwischen uns und unserem Unbewußten fortzureißen, indem wir den physischen Körper malträtierten. Wir hatten eine Ahnung davon, daß unser Leben mit dem Tode nicht aufhört. Wir hatten ein gewisses Gespür, daß sich die Lebensenergie in der Sexualität äußert. Aber wir versuchten, aus dem Körper etwas herauszupressen und zu quetschen, was sich zwar durchaus auch im Körper manifestierte, dennoch in Wirklichkeit natürlich rein geistiger Natur ist. Wir bemühten uns darum, den Kreislauf zu schließen – obwohl wir uns nicht mehr erinnern konnten, um welchen Kreislauf und um welche Bewußtseinsebenen es ging. Wir suchten nach der Seele, aber mit den falschen Mitteln, am falschen Ort.

Manche der Prägungen dieser Exzesse des Mittelalters, in denen wir versuchten, geistige Geheimnisse aus dem Körper herauszubrechen, sind noch heute in uns wirksam. Das ist der Grund für soviel körperliches Leid, soviel Karma auf der physischen Ebene, und daraus resultierend auch so tiefsitzende große und oft diffuse Angst. Unsere Körper werfen jene Erinnerungen wie ein Echo auf uns zurück. Deshalb ist es ein sehr herzbewegendes und ermutigendes Erlebnis, wenn man in einer Sitzung die Umstände und Ursachen aus früheren Leben erkennt, die unseren Emotionalkörper noch heute bestimmen. Der Körper selbst meldet sich in den Sitzungen und macht auf die Stellen und Organe aufmerksam, die von Erfahrungen aus früheren Leben belastet sind. Und dann sorgt das körpereigene Energiesystem dafür, daß solche Erinnerungen herausgelöst und fortgewaschen werden. So führen die Sitzungen im allgemeinen auch zu einem Gefühl von Befreitsein, Schwerelosigkeit und lichterer Lebenskraft. Der Körper wird von der Sucht, alte Reaktions- und Erlebnismuster zu wiederholen, erlöst.

Jeder Mensch fühlt sich in bezug auf den Tod ängstlich oder beklommen – bewußt oder unbewußt. Die wichtigste Lehre, die ich empfangen habe – völlig außerhalb jedes intellektuellen Bücherwissens – ist mir in meiner Arbeit im Peace Corps in Salvador begegnet. Ich lebte damals in einem kleinen Dorf mit dem Namen »Dulce nambre de Maria«. Seit Generationen ist die Bevölkerung dort ansässig gewesen, die meisten waren nie in ein anderes Dorf oder gar in eine entferntere Stadt gereist. Ich arbeitete damals im Gesundheitswesen und erlebte sehr viele Menschen, die starben. Eine bestimmte

Form von Tetanus und andere Krankheiten waren ziemlich verbreitet. Kinder und Babys starben in meinen Armen. Ich war oft sehr deprimiert oder sehr zornig. Ich machte Gott verantwortlich und fragte, wo denn seine Gerechtigkeit bliebe. Warum sollten diese unschuldigen kleinen Wesen sterben, noch dazu oftmals auf schmerzhafte Weise? Ich beobachtete sehr genau, wie sich die Familienangehörigen dieser Kinder und Kleinkinder vor und nach dem Tode verhielten. In Paraguay, wo ich später arbeitete, starben damals fast noch ein Drittel aller Neugeborenen.

Man muß sich vor Augen halten, daß wir in unserem Lande (den USA) dem Tod nicht ins Auge sehen. Wir schieben den Tod ins Krankenhaus ab und begraben ihn unter weißen Laken. Wir übertragen die Verantwortung an das medizinische Personal, wir wollen selbst nichts damit zu tun haben. Wir wollen an der Auseinandersetzung mit dem Tod nicht teilnehmen, weil die Angst vor dem Tode zu tief in uns sitzt. In diesen Ländern in Lateinamerika aber ist der Tod ein ganz normaler Bestandteil des täglichen Lebens, wie es die Wechselfälle des Lebens auch sind. Wenn jemand starb, gab es natürlich den geistigen Raum für die Trauer, für die Klage um den Verlust, jeder nahm in irgendeiner Form am Ausdruck des Leids teil, das den Verstorbenen, die Familie und die Gemeinschaft betroffen hatte. Aber es fand auch eine große Feier statt; die Menschen spürten, daß die Seele des Verstorbenen befreit worden war. Es hatte mich anfangs erstaunt, wie »leicht« sie die Toten losließen, sei es ein Ehemann oder eine Ehefrau, sei es ein Elternteil oder ein Kind gewesen. Sie ließen ihrem Schmerz und ihrer Trauer freien Lauf, ließen den Toten aber los! Sie erkannten, daß der Tod etwas mit ihnen selbst zu tun hatte!

Wir bei uns tun oft noch so, als ob es um den Verstorbenen ginge, obwohl es in Wirklichkeit um uns selber geht. Wir trauern um die Toten, während die Menschen dort um sich selbst trauern. Und sie wissen auch, daß die Verstorbenen befreit sind. Für mich war es eine völlig neue Erfahrung, in Lateinamerika mitzuerleben, wie der eigene Schmerz, das Loslassen der Toten und die Feier ihrer Befreiung miteinander verbunden werden können.

Wir bemühen uns in unseren Sitzungen, das Thema Tod immer wieder aufzugreifen und aufzuarbeiten. Die Klienten erfahren dabei, daß sie die Verstorbenen loslassen können und daß in Wirklichkeit niemals irgendwer oder irgend etwas verlorengeht. Denn auf der Seelenebene begegnen wir uns wieder! Wenn man des Körpers ledig wird, erleichtert dies sehr oft die Verbindung auf der Seelenebene. Es gibt keine Trennung. Wir erwarten ja auch nicht etwa vom Körper, der sich in Los Angeles oder in Deutschland befindet, etwas zu hören. Die Kommunikation geschieht von Geist zu Geist vermittels bestimmter Instrumente, entsprechend der jeweiligen Ebenen. Wenn wir geübt sind, können wir uns an jedem Ort zu jeder Zeit auf die Kommunikation mit anderen Menschen, aber auch mit Wesen auf geistigen Ebenen einstellen.

Die sterbenden Kinder in meinen Armen waren der wesentliche Anstoß dazu, das multidimensionale Selbst zu erforschen. Ich wollte und ich mußte herausfinden, warum sich unser Leben so abspielte, nach welchen Gesetzmäßigkeiten unser Leben »funktionierte«. Ich wollte mehr darüber erfahren, warum der Tod eines Menschen die geistige Entwicklung eines anderen Menschen fördern konnte, ich mußte verstehen lernen, daß auch der Zeitpunkt, die Umstände und die Art des Todes einer eigenen Entscheidung auf der Seelenebene entsprachen. Ich erfuhr, daß die sterbende Person nicht das Opfer irgendwelcher äußeren Umstände war. Ich spürte, daß ich meine eigenen Vorstellungen und Projektionen über den Tod – vor allem meine Ansicht, daß die Sterbenden »Opfer« seien – überprüfen mußte. Es gelang mir festzustellen, daß man bis zu den Akasha-Aufzeichnungen von Menschen vorstoßen konnte, daß man Einsicht in den Sinn und die Abläufe von Lebensprozessen, von der körperlichen Geburt bis zum körperlichen Tode, gewinnen konnte – und so stellten sich meine alten Auffassungen über den Tod als unzutreffend heraus. Ich warf sie einfach fort.

Wenn wir uns nun von einer Energie lösen, schaffen wir gleichzeitig eine neue Energie. Denn wir wirken in Energiefeldern und zwischen Energiepolen. Wenn Menschen also ihre Angst vor dem Tode loslassen, wenn sie ihre falschen Assoziationen freisetzen, dann strömt wie von selbst eine neue Energie in sie ein. Diese neue Energie trägt zur Bewußtseinserweiterung bei. Man wird auf bislang unbekannte Erkenntnisebenen gehoben und erfährt, daß Geburt und Tod nicht mehr als ein Pulsschlag im universalen Leben des individuellen Bewußtseins sind. Man erkennt, daß Geburt und Tod nichts weiter als bestimmte Durchgänge von einer Ebene zu einer anderen Ebene bedeuten.

Nachdem Menschen sich mit der Thematik ihres Karmas in diesem Leben genügend auseinandergesetzt haben, passiert es oft, daß sie sich der Klärung von Themen zuwenden, die mit anderen Dimensionen als dem irdischen Leben zu tun haben. Sie erfassen, daß das Leben mit dem Tode nicht vorbei und abgeschlossen ist, sondern daß es in anderen Bewußtseinsräumen weitergeht. Sie erleben sich vielleicht in einem galaktischen Körper. Gerade jetzt habe ich mit jemandem gearbeitet, der in der Sitzung sagte, daß er Ohren »haßt«. In der Sitzung stellte er dann fest, daß die Gruppe von Wesen, zu denen er gehört und die einen außerirdischen Ursprung besitzen, keine Ohren haben. Er empfindet Ohren also als etwas Groteskes und kommt nicht so recht mit ihnen klar, weil er daran gewöhnt war, direkte Kommunikation zu pflegen, die nicht des Sinnesorgans eines Ohrs bedarf.

Ich werde manchmal gefragt, ob alle Menschen immer wiedergeboren werden. Nun, Menschen können durchaus nach der Beschäftigung mit Problemen aus früheren Leben, die für sie jetzt eine Rolle spielen, auch in ihre eigene zukünftige Entwicklung »vorausblicken«. Viele unserer Klienten haben Botschaften ihres höheren Selbst erhalten, aus denen hervorgeht, daß sie nicht wieder zurück in einen menschlichen Körper und auf die irdische Ebene kommen müssen. Wenn man in sich ein Gleichgewicht der Energien geschaffen hat, wenn man die Kräfte der Manifestation auf der Erde kennengelernt und in der rechten Weise angewandt hat, ist es nicht mehr notwendig, weiter in der dichten materiellen Sphäre dieses Planeten immer wieder neue Körper anzunehmen und in neuen Rollenspielen mitzuwirken. Statt dessen gehen solche Seelen dann in andere Entwicklungsstadien, sie erleben Bewußtseinsdimensionen in anderen Universen. Es mögen Ebenen voller Licht oder voller Klänge sein – aber es sind nach wie vor Dimensionen, in denen es Bewußtsein = bewußtes Sein gibt. Von unserem begrenzten Standpunkt aus würden wir diese Regionen vielleicht als verschiedene Stadien der Erleuchtung bezeichnen.

Um zum unmittelbaren Geschehen des Todes zurückzukehren: es ist für den einzelnen jeweils von großer Bedeutung, in welcher Weise der Tod herbeigeführt wird. Auch hier gilt wieder, daß wir uns selbst letztlich von der Seelenebene her die Krankheit oder die Ursache aussuchen, die zum Tode führt. Oder, besser gesagt: wir bestimmen selbst, wie wir uns von dieser Ebene verabschieden und aus ihr austreten. Krebs zum Beispiel ist lange Zeit eine akzeptable Form des »Selbstmordes« gewesen. (Inzwischen ist weithin bekannt, in wie hohem Maße die Entstehung und die Entwicklung von Krebs von sogenannten psychosomatischen Faktoren abhängig ist. Auch diese neuerliche wissenschaftliche Umschreibung bedeutet nichts anderes, als daß wir mehr oder weniger bewußt steuern bzw. zulassen, daß unser Körper von innen her zersetzt wird. Es gibt genügend Beispiele von Menschen, die durch eine Umstellung ihrer Nahrung auf vegetarische Diät oder sogar Rohkost, einen Verzicht auf Rauschmittel, und vor allem durch eine tiefgreifende Umstellung ihrer Lebenssicht Krebs geheilt oder zumindest gemildert haben.)

Die Gründe und Umstände unseres Todes geben der Seele die Chance, bestimmte Erfahrungen zu sammeln und sich von bestimmten Schlacken im Emotionalkörper zu befreien. Aids zum Beispiel bewirkt auf der Seelenebene eine Klärung von sexueller Verwirrung und eines Mangels an Liebe und der Fähigkeit, sich als Selbst zu begreifen. Aids hat sich auf diesem Planeten zunächst über sexuelle Verbindungen verbreitet. Welch perfekter Zusammenhang: die sexuelle Energie ist jene, die schöpferisch wirksam werden kann. Sie schafft Empfängnis, und jetzt bewirkt sie nicht nur den Eintritt in diese Welt, sondern auch den Austritt aus ihr. Die sexuelle Energie ist das Bindeglied zwischen dem göttlichen Selbst und dem Körper. Aids ist also insofern die ganz »richtige« Krankheit für unsere Zeit. Diese Krankheit lenkt unsere Aufmerksamkeit auf Störungen in unserem Energiesystem. Dabei geht es keineswegs nur darum, ob etwa Homosexualität in Ordnung sei oder nicht! Vielmehr müssen wir feststellen, ob wir die sexuelle Energie gebührend beachten und in der rechten Weise handhaben. Jede Zelle in unserem Körper ist ja durch die schöpferische Kraft der Empfängnis geprägt.

Für uns als Menschheit auf der Erde stellt sich damit eine wunderbare Herausforderung. Wir sind nicht deswegen hier, um an Aids zu sterben. Und es geht auch nicht darum, die Hälfte der Menschheit auszurotten. (Obwohl ich befürchte, daß sich Aids noch schlimmer als die Pestplagen des Mittelalters auswirken könnte – falls wir uns nicht konstruktiv und positiv mit Aids auseinandersetzen.) Im Zentrum unserer Bemühungen sollte nicht die vermeintlich rationale und logisch begründbare Absicht stehen, schnell ein Medikament zu finden, um Aids »loszuwerden«. Das lineare Denken wird uns sicher nicht weiterhelfen. Vielmehr geht es darum, daß wir nach dem Sinn von Aids fragen! Wir müssen uns fragen, warum wir uns Aids ausgesucht haben? Wir alle als ein Kollektiv sind für all das, was auf der Erde geschieht, selbst mitverantwortlich. Wenn wir von diesem Standpunkt aus mit Aids umgehen, anstatt es fortzuschieben, werden wir sehr schnell praktische Hilfe finden.

Halten wir uns einmal die verschiedenen Todesursachen vor Augen: in der Vergangenheit waren es Lungenentzündung, Infektionen und dann Herz-Kreislaufkrankheiten. In neuerer Zeit schieben sich Krebs, Aids und möglicherweise auch Strahlenschäden in den Statistiken nach vorn. Im Vergleich der Todesursachen kann man feststellen, daß früher eher einzelne Organe von einer Krankheit befallen waren und als Todesursache galten. Neuerdings befällt die Krankheit zunächst überall im Körper einzelne Zellkerne, bevor sie sich in kranken Organen niederschlägt. Wir müssen konstatieren, daß der Abschied oder Austritt von dieser Erde nicht mehr über klar abgrenzbare Einzelursachen erfolgt, sondern immer häufiger über eine »innere Auflösung«. Krebs, Aids und

Strahlenschäden wirken direkt auf die Molekularstruktur der Zellen ein. Sie bewirken eine Veränderung der Energieströme in den Zellen. Während nun zum Beispiel eine natürliche Strahlendosis die Energieströme eher anregt und intensiviert, haben wir es jetzt oft mit solchen Strahlenmengen und -arten zu tun, die nur noch zerstörerisch wirken. (Ich bleibe aber bei meiner Auffassung, daß wir durchaus noch lernen können, auch mit erhöhten Strahlendosen umzugehen und sie auszugleichen.)

Ich erwähnte zuvor einmal in einem anderen Zusammenhang, daß wir im Begriff sind, unser Kehlkopfzentrum zu entwickeln. Bislang bestand die Aufgabe darin, daß wir unser Herzzentrum entwickelten. Der Planet Erde ist der Ort, an dem das Herzzentrum geöffnet wird. Dies bedeutet eine Auseinandersetzung mit der Polarität zwischen dem weiblichen und dem männlichen Geschlecht, mit Erfahrungen von Liebe und Verschmelzen von Energien. Das brachte einen Schwerpunkt auch an Herz- und Lungenkrankheiten sowie Kreislaufproblemen mit sich. Jetzt haben wir uns aber auf eine Weise weiter entwickelt (oder sind dorthin gestoßen worden), daß das gesamte Hologramm unseres Seins inbegriffen ist. Das allen Menschen innewohnende kosmische Bewußtsein fordert uns so dazu auf, uns mit der Ganzheit des physischen Körpers, des Mentalkörpers, des Emotionalkörpers und des spirituellen Körpers zu beschäftigen. Wir lernen (meistens leider) zunächst durch negative Impulse. Sowohl Kinder wie Erwachsene und auch Gruppen von Menschen lernen meistens erst dann – d. h. sie sind erst dann bereit, sich zu verändern –, wenn ihnen etwas Schlimmes zustößt, wenn sie Ablehnung erfahren, wenn sie Mißerfolg haben. (Die Entdeckung des Planeten Pluto, der für explosive Wandlung steht und zugleich als der sonnenfernste Planet eine Brücke aus unserem Sonnensystem in den Weltraum darstellt, wurde in etwa zeitgleich mit der Radioaktivität entdeckt!)

Die Leiden, Naturkatastrophen, Kriege und Ängste, die wir auf diesem Planeten derzeit erleben, entsprechen den Prophezeiungen und Weissagungen alter Tage. Trotz oder wegen all ihrer Negativität bewirken sie eine sehr notwendige Klärung und Reinigung. Sie stimulieren unser Bewußtsein, das herausgefordert wird, sich mit den Ursachen und den Lösungen dieser Probleme in einer Weise zu beschäftigen, die eine positive zukünftige Entwicklung bewirkt. Wir können diese negativen Kräfte sozusagen als »Treibstoff« benutzen, um in Dimensionen des Lichts vorzustoßen. Heutzutage leiden wir häufig nicht mehr an dem einen oder anderen Körperteil, sondern am ganzen Körper. Unser ganzer Körper wird in die Wandlungsprozesse mit einbezogen, die sich überall auf der Erde mit immer schnellerer Geschwindigkeit vollziehen. Unser Planet wird von einer ganz neuen Energie erfaßt. Wir begegnen jetzt Krankheitsformen, die Spiegel unseres Selbst sind. Sie fordern dazu auf, daß wir unsere Mitte wiederfinden. Aus dieser Mitte heraus können wir das Körpergefährt mit neuer Kraft durchstrahlen, die für Ausgleich und Harmonie sorgt.

Wie kann man sich nun ohne Sitzungen, ohne Rückführungen oder andere Hilfen mit dem Tod auseinandersetzen, sich auf ihn vorbereiten? Wie kann man mit der Angst vor dem Sterben umgehen? Aus meiner Erfahrung heraus kann ich antworten, daß es immer sehr hilfreich ist, sich auf Licht einzustellen und auf das höhere Selbst. Sterbende stellen sich fast immer auf das höhere Selbst ein. Soweit ich es beobachtet habe, stellt sich die Angst vor dem Sterben und dem Tod in den Anfangsphasen ein, während jenes Stadiums also, in dem der Körper reagiert. Wenn der Mensch aber dem Durchgang oder Übergang näher ist, wird er sehr friedvoll. Ich würde also empfehlen, das sich Einlassen mit dem höheren Selbst zu praktizieren. Ich würde empfehlen, sich ein wunderschönes weißes Licht vorzustellen, das sich im ganzen Körper ausbreitet und ihn erfüllt, und dann sollte man mit seinem höheren Selbst Verbindung aufnehmen. Es wird sich in der einen oder anderen Form bemerkbar machen.

Vor einigen Monaten fuhr ich mit meiner Tochter im Auto irgendwohin. Sie sagte: »Mutter, da ist jemand im Auto.« Ich schaute mich um und erwiderte: »Nein, da ist keiner.« Sie erklärte aber, daß sie einen Geist meinte, keine Person. Ich schlug ihr vor, daß sie den Geist fragen solle, wer er sei,

und was er hier mache. Sie sagte, daß der Geist sehr verängstigt sei und nicht wisse, wohin er gehen und was er machen
solle. Und sie erzählte mir dann die ganze Geschichte von
diesem indianischen Geist, der schon vorher immer wieder
im oder beim Haus aufgetaucht war. Ich sagte meiner Tochter
dann, daß sie sich das ganze Auto voller Licht vorstellen und
dem Geist vorschlagen solle, daß er sich an all die Familienangehörigen erinnere, die vor ihm die Erde verlassen hatten.
Der Geist solle einfach in das Licht eintreten und seine Arme
nach seinen Familienangehörigen ausstrecken.

Meine Tochter tat das dann, und wir beide spürten ganz
deutlich, wie der Geist mit einemmal befreit wurde und
verschwand. Er hatte sich in der astralen Region verirrt, und
sobald meine Tochter das universale göttliche Licht hereinließ,
half dies dem Geist, sich von seiner Angst zu lösen und jene
Menschen zu erreichen, die er liebte. Wenn jemand stirbt,
den man selber liebt, ist es besonders wichtig, ihn loszulassen.
Man kann sich dazu vorstellen, daß sie auf das Licht zugehen
und darin verschwinden. Man kann auch im Körper erspüren,
wo sich Gedankenformen oder Gefühle festgesetzt haben, die
den Verstorbenen »festhalten«. Man sollte, mit ihnen gedanklich verbunden, ihre neugewonnene Freiheit feiern! Die geistige Essenz dieses Menschen, das, was sein innerstes Wesen
ausgemacht hatte, bleibt dann mit einem selbst verbunden,
wenn man einen Verstorbenen auf diese Weise loszulassen
imstande war. Die höchste Resonanz, die höchste Oktave der
Einheit zwischen dem Verstorbenen und einem selbst wird
dann zum bewußten neuen Bestandteil unseres Wesens. Man
»erbt« das geistige Erbe.

Meine Mutter starb, kurz bevor ich nach Afrika ging.
Alles, was sie geistig ausmachte, wurde mir zuteil und ich
wurde zur »Mutter«. Ihre Fürsorge, ihr Wissen, ihre Weisheit
– all dies ging von ihr auf mich über. Sie ist mir jetzt so
nahe, als ob sie meine Haare berührte. Ich fühle keinerlei
Trennung zwischen uns. Wenn ich sie früher vermißte, mußte
ich sie anrufen oder zu ihr hinfahren. Jetzt spüre ich diese
Trennung aber nicht mehr. Wenn Menschen beginnen, solche
Erfahrungen zu machen, wandelt es sie durch und durch.

In unseren Vorbereitungssitzungen, während derer wir mit dem Emotionalkörper arbeiten, geht es oft genau darum: Menschen innerlich loszulassen, sie frei werden zu lassen. Und ich möchte wiederholen: so wie die Menschen in Lateinamerika nach ihrer Totenklage und ihrer Totenfeier nicht mehr zurückblicken, so sollten auch wir die Verstorbenen nicht mehr gedanklich festhalten. Wenn wir ständig zurückblicken und durch Trauer oder andere Gefühlsreaktionen und Gedankenformen Verstorbene festhalten, dann halten wir sie buchstäblich wie in einer Falle gefangen! Es ist dann so, als ob wir sie aufgrund unseres Festhaltens an ihnen »besessen« machen. Und sehr oft können sie dann einfach nicht weiter voran in ihrer Entwicklung. Wenn die Seelenverbindung zwischen dem Lebenden und dem Verstorbenen sehr stark ist – seien es nun Liebes- oder Haßgefühle –, ist der Verstorbene wie gefangen. Man sollte aber dazu beitragen, daß sie befreit werden.

Diese Verhaftung passiert sehr oft im Zusammenhang mit Abtreibungen. Frauen lassen Abtreibungen vornehmen, fühlen sich danach schuldig, und entwickeln alle möglichen Unterleibsbeschwerden und -krankheiten. Unterleibsentzündungen sind dabei am häufigsten zu beobachten. In den letzten zwanzig Jahren bin ich nur zwei oder drei Frauen begegnet, die keinerlei Unterleibsverspannungen oder -krankheiten hatten. Dahinter steht zumeist Mißbrauch sexueller Kräfte, Mangel an Kommunikation und natürlich Abtreibungen. All dies führt zu einem Stau im Unterleib, der Verspannungen und schließlich Krankheiten zur Folge hat.

Frauen, die abtreiben lassen, sind oft im »Ja-Nein-Konflikt« gefangen. »Nein, ich will das Kind nicht.« – »Ja, eigentlich will ich das Kind doch.« Der Körper will immer ein Kind, der Körper will immer neues Leben empfangen und gebären! Denn das ist schließlich seine natürliche biologische Funktion. Und dieser Ja-Nein-Konflikt ist oft sehr verwirrend für die Frauen. Ihre Schuldgefühle bewirken oft, daß sie – wenn vielleicht auch unbewußt – am abgetriebenen Kind festhalten. Die Mutter denkt sich vielleicht, »jetzt will und kann ich kein Kind aufziehen, aber in fünf Jahren oder so.« Das geistige Weisen, welches den Embryo bewohnt, ist noch nicht in unser Zeit-Raum-Kontinuum begrenzt. Es gehört vielleicht zu seinem Lebensplan, von dieser Mutter in die Welt gebracht zu werden. Und wenn es dann zu einem späteren Zeitpunkt geboren wird, ist die Mutter-Kind-Beziehung von vornherein durch die karmischen Verwicklungen von den Schuldgefühlen der Mutter und dem unbedingten Inkarnationswillen der neuankommenden Seele belastet.

Wenn ich manchmal um meine Meinung über Abtreibung gebeten werde, sage ich im allgemeinen: es gibt keine dogmatische Regel, niemals abzutreiben oder etwa abtreiben zu sollen. Unsere Zeit auf der Erde ist allerdings keine gute Zeit, um abzutreiben. Es gibt so viele Seelen, die sich auf diesem Planeten verkörpern wollen. Und Frauen werden ja auch in einer Zahl schwanger, wie es das bisher wohl nicht gegeben hat. Seit acht Jahren etwa drängen immer mehr Seelen danach, auf der Erde zu inkarnieren, um an den Entwicklungsmöglichkeiten teilzuhaben, um die vielfältigen Gelegenheiten, Erfahrungen zu sammeln, auch für ihre eigene Entwicklung zu nutzen. Trotz all unserer moderner Anti-Fruchtbarkeits-»techniken« und -»technologien« werden Frauen auf die seltsamste Weise schwanger.

Einerseits würde ich sagen, daß die Wesen, die jetzt hierher drängen, mit sehr viel weniger karmischen Belastungen kommen und über viel Energie, Kraft und Licht verfügen. Damit ist es eher ein Geschenk für beide, wenn diese Seelen hierher gebracht werden, und nicht zu sehr eine karmische Verstrickung. Aber andererseits würde ich niemals dafür eintreten, daß die Frauen diese Entscheidung nicht selber treffen können. Denn: es gibt keine Opfer! Nicht nur für Frauen in Bezug auf Abtreibung gilt meiner Meinung nach: wir sollten keinerlei äußerliche, dogmatisch festgelegte Verhaltensmaßregeln haben!

Wir sind jetzt auf einer Entwicklungsstufe auf diesem Planeten, in der jede Seele die Meisterschaft über ihre eigene Entfaltung erlangen kann. Es ist die eigene Entscheidung jeder einzelnen Seele, daß sie hier auf der Erde verkörpert ist. Auch die Umstände ihres Erdenlebens sind von ihr selbst gewählt. Jede Seele trägt in sich die höchst vollkommene Fähigkeit, selber zu erfassen und zu entscheiden, was für sie am besten ist. Und dies bezieht sich sowohl auf den einzelnen Menschen wie auf seine geistige Entwicklung, aber auch auf den Umgang untereinander und mit der Umwelt.

Wir haben hier im Light-Institute in Galisteo viel mit Menschen zusammengearbeitet, die sich mit dem Sterben und dem Tod auseinandersetzen und sich darauf vorbereiten wollen. Es war für diese Klienten immer eine großartige Offenbarung, wenn sie in den Sitzungen den Tod als einen Durchgang in eine größere, weitere, höhere und lichtere Dimension erleben durften. Sie stellten selber fest, daß der Tod niemals in Abgeschlossenheit, Dunkel oder ausweglose Sackgassen führte. Sie erleben, daß man den Tod genauso meistern kann, wie man Empfängnis und Geburt bewußt zu manifestieren in der Lage ist. Oft erfahren sie die Einsicht, daß der Tod den Abschluß der ständigen kämpferischen und leidvollen Auseinandersetzungen mit karmischen Problemen auf der irdischen Ebene bedeuten kann. Sie beginnen, in sich ein zeitloses Energiefeld zu erschließen, das zum Beispiel auch ihre Träume zu durchdringen beginnt. Dieses Energiefeld erleichtert ihnen den zukünftigen Übergang über die Schwelle des Todes in andere Bewußtseinsdimensionen. Sie berichten in den Sitzungen von wunderbaren Lichterlebnissen, von karmischen Lösungen, von Antworten auf Lebensfragen, von Bewußtseinslektionen, die sie lernen.

Sie können diesen Tunnel in ein körperloses Leben wohlvorbereitet und ohne Angst durchqueren. Und da sie in den Sitzungen so vielerlei vergangene Leben und natürlich auch Tode wieder miterleben, sehen sie eine Chance, den Tod nicht abzulehnen, zu verdrängen oder sich durch ihn verängstigen zu lassen, sondern statt dessen aufrecht und gelassen auf ihn zuzugehen. Sie richten sich darauf aus, wach und voller Anmut den Übergang des Todes als »Kunst« zu meistern. Sie bemühen sich um kontinuierliche Verbindung mit dem höheren Selbst, sie lösen die Illusion der Zeit für sich auf, sie trennen sich von der Fiktion scheinbarer Sicherheit, die lineares Denken verheißt. Sie entdecken in sich, wie der Sog der schöpferischen Lebenskraft sie immer stärker erfaßt. Es ist jener Energiewirbel, der das Formlose, Nichtmanifestierte birgt. Sie lassen sich von diesem Wirbel erfassen und beginnen, von innen heraus zu glänzen.

Die Menschen beginnen hier im Light-Institute also den Vorgang des Todes als integralen Bestandteil ihres Lebens zu entdecken und zu erforschen, sie setzen sich mit ihren Lebensaufgaben bewußt auseinander. Und so wie es einen Umschwung von Klinikgeburten zu Hausgeburten gibt, so stelle ich fest, daß immer mehr Menschen sich dafür entscheiden, zu Hause und nicht in der Klinik zu sterben. Damit ist den Familienangehörigen und Freunden eine Chance gegeben, nicht nur dem Sterbenden!, das Natürliche dieses Übergangs zu erkennen. Wenn man einen geliebten Menschen, der stirbt, in den Armen hält, so wandelt diese Erfahrung nicht nur den Sterbenden, sondern vor allem auch den Weiterlebenden! Carlos Castaneda zitiert Don Juan so: Wenn wir erkennen, daß der Tod immer um uns herumpirscht, werden wir lernen, vollkommen meisterhaft zu sein. Wenn wir dem Tod gestatten, zurück in unsere Mitte zu kommen, wenn wir ihn als einen natürlichen Vorgang umarmen, wenn wir ihn als einen natürlichen Abschluß begreifen, dann können auch wir diese vollkommene Meisterschaft des Lebens *und* des Todes erlangen. Auch ein Ende, die Beendigung oder der Abschluß einer Angelegenheit, eines Vorgangs, hat seine eigene Bedeutung. Lassen wir also zu, daß sich der Kreis schließt. Wenn er geschlossen ist, können wir ihn loslassen.

Ich weiß nicht, wie es in Europa ist, aber wir hier in den USA haben Probleme damit, etwas abzuschließen. Bei gesellschaftlichen Anlässen sagt man zum Beispiel nicht gerne »Good bye« – was eben nicht »Auf Wiedersehen« heißt, sondern nach einem sehr viel endgültigeren Abschied klingt. Das deutsche »Auf Wiedersehen« ist wundervoll, weil es sich auf alle Bewußtseinsdimensionen beziehen kann. Auch Sterbende und Weiterlebende könnten sich »Auf Wiedersehen« wünschen. »Good bye« klingt wie »Ende«. Wir Amerikaner haben im gesellschaftlichen Umgang, handle es sich nun um die Beendigung eines Partyabends oder um den Abschluß einer Beziehung, große Probleme damit und benehmen uns ziemlich ungeschickt. Wir müssen lernen, daß auch der Abschluß Teil des Lebens ist und wir ihn voller Anmut vollziehen könnten.

Kinder nehmen den Tod anders wahr als wir. Als Tio fünf Jahre alt war, kam sie ins Zimmer und sagte ganz bedeutungsvoll, aber wie in Trance: »Eine Großmutter stirbt gerade.« Es stellte sich später heraus, daß genau zu diesem Zeitpunkt in unserer Familie tatsächlich eine Großmutter verstorben war. Tio hatte sich ganz auf diese Schwingung eingestellt – also hätte man sie nicht, wenn die Großmutter im Hause gewesen wäre, vom Vorgang des Sterbens fernhalten sollen. Kinder verstehen durchaus, daß Menschen ihren Körper verlassen, daß sie in andere Ebenen übergehen und freier werden. Häufig genug prägen wir aber unsere Kinder mit unserer eigenen Angst oder Verzweiflung, mit unserer beklommenen Einstellung, den Tod möglichst abzuschieben.

Der Tod ist unser größter Lehrer fürs Leben. Wir sollten ihn umarmen, wir sollten von ihm lernen, wir sollten ihn als Teil des natürlichen Kreislaufs meistern.

12.

Ein Ausblick in die Zukunft

Was liegt vor uns? Welche Wirkungen zeitigt diese Bewußt-
seinsarbeit? Ich möchte erneut ein Beispiel aus meinem eigenen Erfahrungskreis zitieren, das ich besonders hübsch finde.
Vor einigen Jahren, als er ungefähr 11 war, kam mein Sohn
Brit mit Mathematik nicht recht klar. Er fühlte sich im
Verständnis für Mathematik blockiert und brachte auch ziemlich schlechte Noten nach Hause. Als er seine erste Rückführung in ein früheres Leben in einer Sitzung erlebte, entdeckte
er, daß er zu den Baumeistern und Architekten einer der
großen Pyramiden Ägyptens gehört hatte. Brit hatte aber
nun noch nie vorher über die Pyramiden gelesen oder davon
gehört. Um so mehr überraschte es mich, daß er sie im Detail
beschrieb. Wir hatten seine Bilder und Erlebnisse nach der
Sitzung nicht analysiert oder auch nur diskutiert, wir nahmen
es einfach als eine interessante Geschichte aus einem früheren
Leben auf. Aber nach zwei Monaten wurde aus Brit statt
eines sehr mittelmäßigen Mathematikschülers ein exzellen-
ter. Im nächsten Schulhalbjahr wurde er sogar aufgefordert,
den Leistungskurs in Mathematik zu belegen. Er ist seithher
in der Begabtenstufe geblieben und will jetzt nach seinem
Highschool-Abschluß Quantenphysik studieren.

Dieser Umschwung wurde durch eine grundlegende Wandlung der eigenen Sicht von sich selbst verursacht. Er fühlte
sich verändert, weil er wahrgenommen hatte, daß in ihm
ausgezeichnete Fähigkeiten angelegt und demnach auch an-
wendbar waren. Er konnte sich also durch den Einblick in
eine andere Dimension von jetzigen Blockaden lösen. Der
Einblick oder der Rückblick – wie immer man will – bewirkte

also eine konkrete Veränderung zukünftiger Entwicklungs-möglichkeiten.

Die vielen tausend Sitzungen haben natürlich nicht nur Informationen über die künftigen Entwicklungsmöglichkeiten von Einzelpersonen erbracht. Oft genug sind Hinweise auf die Zukunft der Menschheit auf der Erde gegeben worden. Demnach leben wir alle in einer Zeit, in der wir die Illusion der Zeit und die Begrenztheit des linearen Denkens durchbrechen können. Wir befinden uns in der Mitte revolutionärer Bewußtseinsprozesse. Die größten Forscher sind jene, die ihr eigenes Körpergefährt und sich selbst erforschen. Diese Forschungsarbeit stellt gleichzeitig das größte Abenteuer unter allen denkbaren dar. Natürlich war es wundervoll, die höchsten Berge und die tiefsten Tiefen zu erforschen. Selbstverständlich erforderte es großen Mut und Abenteuerlust, die Gipfel des Himalayas zu erklimmen oder bis an die Pole der Erde zu reisen. Und natürlich ist die »Eroberung« des Mondes und die Erforschung des Weltraums ein besonderes Abenteuer. Aber unser Bewußtsein auszuloten und zu »vermessen«, ist wirklich atemberaubend!

Es kann nicht übersehen werden, daß wir uns weltpolitisch und ökologisch in einer sehr prekären Situation befinden. Das Stichwort »radioaktive Strahlung« aufgrund eines Atomkrieges oder auch »nur« einer Atomwerkskatastrophe mögen hier genügen. Allerdings sehe ich diese und andere bedeutende Gefahren vor allem als, wie ich schon einmal kurz sagte, den »Treibstoff« an, der uns durch die Schleier und Schranken unserer begrenzten und deshalb falschen Wahrnehmung treibt. Unsere derzeitige Wahrnehmung unserer selbst, unseres Lebens und unserer Umwelt scheint uns zu vermitteln: Wir als Individuen sind ohnmächtig. Wir können nichts an der Lage verändern. Wir sind die Opfer äußerer unbeeinflußbarer Einwirkungen. Aber: alles, was draußen auf der Straße passiert, draußen im Land oder überall auf unserem Erdball ist nichts als eine Spiegelung der Themen und Probleme, die wir als einzelne oder Kollektiv zu klären und zu lösen haben.

Wenn wir beginnen, die gegenseitigen Abhängigkeiten und

Verknüpfungen zwischen scheinbar äußeren Einflüssen und inneren Wahrnehmungen zu erleben, können wir in uns die Fähigkeit entwickeln, die Realitäten dieser Ebene zu meistern. Und wenn wir es nicht von uns aus tun, so werden wir dazu gezwungen.

Tschernobyl: wir können uns nicht länger auf den Standpunkt zurückziehen, daß »dort drüben« Leute Fehler begangen haben und wir die bedauernswerten »Opfer« sind. Dieser Standpunkt genügt nicht mehr, weil er in keiner Weise hilft. Wir müssen statt dessen zu den Problemlösern werden, als die wir geboren worden sind! Zur Erinnerung: wir selbst haben uns dieses Leben in dieser Zeit ausgewählt, damit wir Meisterschaft in diesem Leben erwerben. Die Gurus verlassen diesen Planeten. Jetzt sind wir dran! Wir haben unsere Lehrzeit absolviert; mit Tschernobyl hat die »Abschlußprüfung« begonnen.

Diese Prüfung verlangt, daß wir die uns innewohnende Fähigkeit ausbilden, schöpferische Kräfte zu manifestieren. Wir sind im Verlaufe der Menschheitsentwicklung weit genug entwickelt, um Disharmonien und Schäden auszugleichen. Ich meine damit konkret: wir können radioaktive Verstrahlung vermindern und ausgleichen! Wir können uns von der Fesselung durch todbringende Krankheiten befreien. Wenn wir unser Bewußtsein auf die Ganzheitlichkeit unseres Seins ausrichten, wenn wir die Wirklichkeit holographisch, d. h. wirklich umfassend als Erfahrung in uns aufnehmen, dann sind wir in der Lage, derartige Bewußtseinsquantensprünge zu machen, daß sich Kollektivkrankheiten nicht mehr als Lernaufgaben stellen.

In der Augustausgabe der deutschen Zeitschrift Esotera wird, wie man mich informierte, die Ärztin Frau Dr. Carstens, die Frau des früheren Bundespräsidenten, zitiert: »Um aufzuzeigen, wie wirkungsvoll eine natürliche Immunisierung des Körpers sein könne, verwies Frau Carstens auf siebenhundert weltweit dokumentierte Fälle, in denen bei Krebspatienten, die von den Ärzten aufgegeben waren, massive Tumore und Tochtergeschwülste ohne konventionelle Behandlung wieder verschwanden.« Uns stehen inzwischen genügend viele Daten und wissenschaftliche Erkenntnisse darüber zur Verfügung, wie die Prozesse im Körper verlaufen, wie sich Zellen regenerieren, welche rein geistigen bzw. naturheilkundlichen bzw. anderen Heilmittel wirksam angewandt werden können, usf. Wir sollten nun nicht länger zögern, die uns zur Verfügung stehenden Informationen auch wirklich schöpferisch anzuwenden. Wenn wir dazu unfähig oder zu faul sind, werden wir mit »Gewalt« in einen Überlebenskampf gedrängt, in dem wir handeln müssen.

Es ist, als ob man am Rande von glühenden Kohlen steht und sich denkt: »Nein, da kann ich nicht drübergehen.« Und dann wird man einfach – nicht von außen! – geschubst. (Wulfing von Rohr, der den Anstoß zu diesem Buch gab und es aus langen Gesprächen, die auf Tonband aufgezeichnet wurden, zusammenstellte, wies mich auf ein interessantes »Training« hin, das ganz in der Nähe von Santa Fé stattfindet. Der ehemalige, sehr erfolgreiche Versicherungsmanager Larry Wilson hat eine Stunde von hier das Pecos-River-Conference-Center aufgebaut. Dort erleben Spitzenmanager der amerikanischen und europäischen Wirtschaft, aber auch Privatpersonen und Familien, wie sie in Situationen geführt werden, in denen sie sich entscheiden müssen, ob sie einen Schritt in ihrer Entwicklung weitergehen oder stehenbleiben wollen. Zu den Übungen gehören außer Gesprächen über den Sinn von Arbeit und Leben vor allem intensive Körpererlebnisse, »Leap«-Kurse, »Spring«-Kurse genannt. Beispiele: sich stocksteif von einer Mauer nach hinten fallen lassen, im Vertrauen darauf, von den anderen Mitgliedern der Gruppe sicher aufgefangen zu werden; sich mit verbundenen Augen durch schwieriges Gelände führen zu lassen, ohne daß zwischen Führer und Geführtem gesprochen werden darf; nicht zuletzt der Sprung von einer Klippe, die steil über einen Abgrund ragt – zwar entlang eines Seils, an dem man mit doppelt gesicherten Gurten hinuntersaust – was dennoch einen besonderen inneren Impuls, körperliche Angst zu überwinden, erfordert.)

Wenn wir jene Erfahrungen verstärken, jene Situationen, Erlebnisse und Verhaltensweisen wiederholen, die uns zu bewußter Meisterschaft im Leben führen, wird sich auch unser Alltagsbewußtsein immer selbstverständlicher auf Möglichkeiten der Telepathie, der Selbstheilung, der Anwendung vieler bislang unbekannter und sogar ungeahnter schöpferischer Kräfte einstellen.

Welche Hilfe können uns Riten und Rituale vermitteln, um auf diese Weise bewußter zu leben? Riten und Rituale sind in der Menschheitsgeschichte entwickelt worden, um das Formlose, das Unbewußte, das Nichtmanifestierte zu manifestieren. Wir haben ihre Symbolkraft benutzt, um etwas, das nicht oder noch nicht greifbar war, schöpferisch zu bewirken. Riten und Rituale waren für uns notwendige Instrumente, weil wir noch nicht genügend weit entwickelt waren, um den geistigen Zusammenhang zwischen Energie und Materie zu verstehen und ohne solche Mittler schöpferisch zu wirken. Wir haben sie benutzt, um uns in einer sonst nicht zugänglichen Mitte in uns zu verankern und aus dieser Mitte heraus manifestieren zu können. Man denke an die überaus wirkungsvollen Medizinmänner und Schamanen Afrikas und Lateinamerikas, die sich immer bestimmter Rituale bedienten, um großartige, verblüffende und oft tiefgreifende Wirkungen zu erzielen.

Aber: mit der Zeit wurden wir von den Äußerlichkeiten der Rituale dermaßen absorbiert, daß wir den Blick auf das Ziel und das Erleben der »Mitte« verloren. Die Alchimisten des Mittelalters sind dafür ein Beispiel. Wir wurden wie besessen von der Aussicht, über Rituale die Materie zu beherrschen. Wir wurden wie besessen von persönlichem Machtstreben. Wir ahnten, daß Energie Materie hervorruft, blieben aber in der Äußerlichkeit der entsprechenden Prozesse stecken.

Ich glaube, daß die Zeit dafür gekommen und es auch außerordentlich notwendig ist, daß wir uns über der embryohaften Abhängigkeit von oder gar Verstrickung in Rituale freimachen. Damals bedurfte es dieser Instrumente, um uns klarzumachen und einzuprägen, daß wir mit schöpferischen Kräften umgehen können. Jetzt aber müssen wir uns davon lösen. Denn wenn wir uns in alte Riten oder Rituale einlassen, wenn wir bestimmte Mantras oder Gesänge übernehmen, wenn wir uns auf bestimmte rituelle Weise kleiden, oder bestimmten anderen Formen und Äußerlichkeiten anhängen, dann lösen wir damit jene alten Energien aus, die auf der Astralebene noch vorhanden sind. Und diese alte Energie ist nicht rein! Sie hatte mit früheren Entwicklungsschritten zu tun, mit Machtansprüchen, mit Täter-Opfer-Konstellationen, mit Mißbrauch des Körpers, und mit vielerlei anderen verwirrenden und verwirrten Durchgangsstadien. Es ist also für uns nicht vorteilhaft, in derartigen Formen steckenzubleiben oder sie wieder aufzugreifen. Wir sollten uns jetzt von Riten und Ritualen endgültig trennen.

Es ist Zeit, reines Sein zu manifestieren. Direkt, unmittelbar, ohne äußere Instrumente, nur durch die in uns allen angelegte Kraft, die sich in allen Dimensionen manifestieren läßt. Es ist eine Herausforderung an uns alle, unser Bewußtsein entsprechend zu öffnen und zu entwickeln. Wir können, wenn wir nur wollen, aus dieser Erde einen Garten Eden machen! Es wäre dies nicht ein Zustand der unwissenden Naivität, sondern der bewußten Meisterschaft. Wenn wir zum Beispiel daran festhalten, daß wir mit anderen Menschen nicht telepathisch in Verbindung treten können, dann bleiben wir von unserer Angst, unserer wandlungsunfähigen Starrheit und unserem isolierten Anspruchsdenken beherrscht.

Wir können aber schon jetzt unsere Intentionen darauf ausrichten, uns gegenseitig als Ganzheit zu erkennen. Mit den uns jetzt schon zur Verfügung stehenden Körperinstrumenten können wir uns mittels Telepathie über den ganzen Erdball hinweg verständigen. Es muß dann keinen Krieg mehr geben, weil man die Absichten des jeweils anderen erkennt. Man wird nicht nur die Absichten erkennen können, sondern auch deren Ursachen. Und wenn die Herzen von Dissonanzen und Disharmonien erfüllt sind, können wir uns an deren Heilung beteiligen. Wir bedürfen dann unserer alten »Gipfelkönig«-Strategien nicht mehr und können uns vom Reaktionsmuster lösen, das bislang vorherrschte: »Was du hast, fehlt mir; bzw., ich muß dir etwas fortnehmen.« Wir erleben dann eine neue Oktave von Einheit, die es bislang auf der Erde noch nicht gegeben hat! Wir haben diese Einheit, dieses universale Einswerden mit dem kosmischen Bewußtsein in anderen Dimensionen, zumindest ansatzweise, durchaus erlebt – deshalb besitzen wir ja den Impuls, danach zu streben. Wir haben nie aufgehört, danach zu streben, das leise Flüstern dieser Erinnerung auch in der irdischen Dimension, in materiellen Formen, zu manifestieren.

Ich habe eine Vision, derzufolge wir in persönlichen Beziehungen so »eins« werden können, daß daraus gewaltige Energien entstehen, die überallhin ausstrahlen. Das kosmische Gesetz von Verschmelzen und Sich-wieder-Öffnen, dieser Pulsschlag zwischen Energie und Materie, zwischen Formlosem und Geschaffenem entspricht den kosmischen Gesetzmäßigkeiten, die wir bewußt zu handhaben imstande sind. Wir alle können diese wundervollen Erfahrungen schon hier, im Körper, machen. Wir können uns als Lichtkörper erfahren, wir vermögen uns an mehreren Orten gleichzeitig aufzuhalten, wir können so miteinander verschmelzen und auch mit uns selbst einswerden, daß sowohl das weibliche wie das männliche Prinzip voll aktiv sind. Das Tor zu all diesen Kräften steht uns offen.

Wir haben in Atlantis und anderen verschollenen Zivilisationen bereits kennengelernt, wie wir mit schöpferischen Kräften umgehen können. Materialisation und andere Bewußtseinstechnologien, vermittels welcher Energieströme benutzt wurden, um materielle Wirkungen und Formen zu erzielen, befanden sich bereits auf dieser Erde schon einmal auf unvorstellbaren Höhen, die wir bislang noch nicht wieder erreicht haben. Aber aus anfänglich harmonischem Umgang mit solchen Kräften erfolgten Bewußtseinsabspaltungen, die zum Verfall führten. Die derzeitigen Bedrohungen des menschlichen Lebens überall auf der Welt zwingen uns zum kollektiven Handeln. Ich spüre in diesem Bereich einen positiven Umschwung nicht nur in einzelnen Familien und gesellschaftlichen Gruppen, sondern auch zwischen den Nationen. (Die – schreckliche – Alternative wäre, daß wir uns alle gegenseitig vernichten.)

Wenn wir als einzelne die Möglichkeit der Meisterschaft

im Leben annehmen, wenn wir beginnen zu verstehen, welchen sinnvollen Beitrag wir ganz individuell leisten können, wird unser Bewußtsein aufhören, sich mit der Angst zu beschäftigen. Ich sehe uns an der Schwelle einer Zeit, in der wir eine neue Vollkommenheit manifestieren. Unser Emotionalkörper hat die Chance, Ekstase, Beseligung und Verzückung zu erfahren und auszustrahlen. Und derartige Erleuchtung von einzelnen Menschen wird zu einer tiefgreifenden Verwandlung der gesamten Umwelt beitragen. Und man glaube nicht, daß uns unser neues Glück langweilen würde. Wenn wir eins mit unserem göttlichen Selbst werden, sind Welten schöpferischen Wirkens offen. Wir können an den pulsierenden, sich ausdehnenden Universen Anteil nehmen.

Viele Seelen werden sich dann dazu entschließen, nicht mehr in diese irdische Welt zurückzukehren; viele andere müssen einfach nicht mehr zurück. Wir werden dann die Bewußtseinsebenen anderer Dimensionen nutzen, um zur Gesundheit, zur Schönheit und zur Vollkommenheit hier auf der Erde beizutragen. Bislang wagen wir von diesen realen Möglichkeiten noch nicht einmal zu träumen. Denn wer ist schon hier, der seine eigene Göttlichkeit erkennt, und sagt: »Ich werde Licht, Liebe und Vollkommenheit auf dieser Erde schaffen.«

Die Zukunft dieser Erde und aller zukünftigen Welten ist bereits hier; auf noch nicht manifestierte Weise. Unsere Herausforderung besteht darin, daß jedes Lebewesen die bereits angelegten Möglichkeiten entfaltet. Jeder einzelne von uns, wirklich jeder, weiß um die inneren göttlichen Kräfte von Licht und Ton, von schöpferischen Energien. Wir müssen nur bewußt damit in Verbindung treten. Natürlich wird uns ein festgefahrener Emotionalkörper davon abhalten wollen. Er wird sagen: »Das wird mir nie passieren können. Dazu muß man ganz besondere Talente haben, die ich nicht besitze.« Und all die anderen alten Platten von Spaltung, Begrenzung, Isolierung. Hier im Light-Institute helfen wir laufend Menschen, eigene Erfahrungen zu machen, in denen solche Begrenzungen nicht vorkommen. Wir helfen ihnen, höhere Bewußtseinsebenen und vorhandene Entwicklungsmöglichkeiten wahrzunehmen. Ich möchte jedem wünschen und zurufen, daß er oder sie jede Gelegenheit nutzen möge, um höhere Bewußtseinserfahrungen zu machen. Es bedarf dazu unserer Absicht, unseres Willens, unserer Suche.

Der Zweck dieses kleinen Buches ist, Menschen, die nicht nach Galisteo kommen können, ein wenig den Weg zu einem neuen Bewußtsein zu bereiten. Die ersten Schritte auf diesem Weg sollten zum höheren Selbst führen. Das Buch soll als Anstoß dienen, nicht länger mehr zu säumen, sondern sich jetzt wirklich auf den Weg nach innen zu begeben. Ursprung und Ziel jedes Menschen ist Vollkommenheit, Einheit, die göttliche Urkraft. Dies sind keine mentalen Projektionen, sondern natürliche Prinzipien des Lebensstroms, der alles durchdringt. Um dies auch für uns zu verwirklichen, müssen wir in die Arena der bewußten Suche, der Erforschung unseres multidimensionalen Seins eintreten! Wir müssen in diese Arena jetzt eintreten!

Wenn wir selbst miterleben, wie andere Menschen über Feuersglut laufen, entsteht in unserem Bewußtsein ein Bezugsrahmen, daß das »Unmögliche« doch möglich ist. Unser Gehirn wird inspiriert und antwortet auf unsere Frage, ob auch wir über heiße Kohlen laufen könnten: »Ja, natürlich kannst du dies auch tun.« Dieses Buch hat eine ähnliche Funktion: es soll deutlich machen, daß schon so viele andere Menschen über die Brücke in andere Dimensionen gegangen bzw. »ins Unbekannte« hineingesprungen sind und sich auf der anderen Seite bewußt und liebevoll umarmen konnten, daß dies auch uns möglich ist! Das Buch will sagen: Alle Wirklichkeiten, nicht nur diese eine begrenzte irdische, gehören Dir. Du kannst mitten hinein springen! Du brauchst Dich nicht von äußeren Hilfen abhängig zu machen. Du brauchst Dir die Kraft dazu nicht von außen zu borgen. Du bist als Seele von göttlicher Vollkommenheit. Entdecke das in Dir – jetzt!

Anfang!